贛文化通典

———方言卷　第四冊

目錄

第六章

江西方言代表方言點語法
例詞、例句對照

　　本章對照江西方言三十二處代表方言點的語法例詞、例句。
方言點的排列按第三章各方言點音系所列的順序：贛方言點——
客家方言點——官話方言點——徽州方言點——吳方言點——閩
方言點。

　　本章用作對照的語法例詞、例句共八十條，以普通話語句設
立條目。條目大多數是獨立的句子，包括單句和複句，例如：
「02[1]他會來的。」「01 我認識他，他是你父親。」少數是短語，
例如「16 用毛筆寫」「17 問他借錢」。作條目的句子一些採用問
答的形式，問句和答句之間用破折號「——」隔開，例如：「06
只剩三分鐘了，來得及嗎？——來不及了。」考慮到頁面篇幅容
量，各方言點記录例詞、例句條目時多數隻記录條目的部分內
容，即只記錄條目中括號外的詞語和標點，括號內的詞語（用仿
宋體字記錄）和標點不作記錄。記录括號外的詞語時黑體字部分
既寫漢字同時也注音，宋體字部分只寫漢字而不注音。例如鉛山

話點：

「39（他）睡著了（。）」記作「睏著 ts□aʔ⁴ 嘮 lau⁰」

又如鄱陽話點：

「33（車票我）買好了，（你）不用買了（。）」記作「買好 xau⁴² 唎 lie⁰，不要 pə⁴⁴iau³⁵ 買唎 lie⁰」

本章中記錄方言語法例詞、例句條目，詞語讀音以國際音標標註。標音方法參見第五章。

一個語法例詞、例句條目或是條目的部分詞語在方言中有多種說法的，因受頁面版式的限制，一般只收其中一個說法。必要時也收条兩個說法，中間以斜線隔開，較常用的列前。一些條目的不同說法包含共有的字（音節），則不重複出現共有的字（音節）並在可以換著說的字（音節）下畫波浪線，例如鄱陽話點：

「05（我）打得過他」條記作「打得 tə⁰ 渠過 ko³⁵ /過 ko³⁵ 渠」，表示可以說「打得渠過」，也可以說「打得過渠」。

又如廣豐話點：

「27（人還沒到齊，）等一會兒再說（。）」條記作「等下 xo⁰ 慢 mãn⁴⁴/再 tsɐi⁴³ 來 li²³¹」，表示可以說「等下慢」，也可以說「等下再來」。

方言點所記例詞、例句說法的括號中的詞語是可以省略的，例如鉛山話點：

「24（沒吃飽）再喫一碗（。）」記作「（再 tsai²¹）喫（一）碗湊 tɕ□iu²¹」，表示可以說「再喫一碗湊」，也可以說「喫碗湊」。

以下是本章所收語法例詞、例句條目索引：

01 **我認識他**，他是你父親（。）（第 605 頁）

02 他**會來的**（。）（第 606 頁）

03（你的事，你）**得去看看**（。）（第 606 頁）

04（這塊布）**能做**（兩條褲子），**做不了**（三條褲子。）（第 607 頁）

05（我）**打得過他**，（他）**打不過我**（。）（第 609 頁）

06（只剩三分鐘了，）**來得及嗎**（？）——**來不及了**（。）（第 610 頁）

07（胃口不好）**吃不下飯**（。）（第 611 頁）

08 **吃得了**能吃（三大碗飯。）（第 612 頁）

09（半碗飯）**吃不飽**。（有這麼多飯）**吃得飽**（。）（第 612 頁）

10（桃子）**紅了的吃得**，**沒紅的吃不得**（。）（第 613 頁）

11（我的事）**用不著你說**（。）（第 614 頁）

12（他）**騙不了我**（。）（第 615 頁）

13（今天）**很熱**（。）（第 616 頁）

14（這價錢）**太貴了**（。）（第 616 頁）

15（脾氣）**好得不得了**極言其好（。）（第 617 頁）

16 **用毛筆寫**（。）（第 618 頁）

17 **問他借錢**（。）（第 618 頁）

18（工作）**任憑他挑**（。）（第 619 頁）

19 **給兒子攢了**（很多錢。）（第 619 頁）

20（書別拿著，）**放在桌上**！（那本書我）**放在桌上**（了。）（第 620 頁）

21（這支筆）送**給**你（。）（第 621 頁）

22（捐款）寄到災區**去**（。）（第 621 頁）

23 **還有**十里路（，歇會兒再走）。**剩**一里路了（，快到了。）（第 622 頁）

24（沒吃飽）**再**吃一碗（。）（第 623 頁）

25（沒畫好，）**重新**畫一張（。）（第 624 頁）

26（五點了，快起床！）天亮了天快亮了。

（七點了，快起床！）天亮了天已經亮了（。）（第 625 頁）

27（人還沒到齊，）等**一會兒再說**（。）（第 626 頁）

28（上海我）去**過很多次**（。）（第 626 頁）

29（這件事我）告訴**過他**（。）（第 627 頁）

30（我）吃**了**飯（再去。）（第 627 頁）

31（他）來**了**三天了（。）（第 628 頁）

32 拆了（舊房子建新房子。）（第 628 頁）

33（車票我）買好了，（你）**不用買**了（。）（第 629 頁）

34（鞋子）**破**了。（錢）用**完**了（。）（第 630 頁）

35（他）正在和客人說話（，別喊他。）（第 631 頁）

36（她）說**著**說**著就**哭起來了（。）（第 632 頁）

37 下**著**雨（，沒法去。）（第 633 頁）

38（再）**這樣**累下去（會生病的。）（第 633 頁）

39（他）睡**著**了（。）（第 634 頁）

40（這件事你要）記**住**（！）（第 634 頁）

41（我）找**遍**了（大小書店），（都）**沒買著**（那本書。）（第 635 頁）

42（路上）停著一輛車。（門上）貼了一副對聯（。）（第636頁）

43 打著傘（去上學）。躺著（看書不好！）（第637頁）

44（只有一個空位，兩人）輪著坐（。）（第638頁）

45（門）開著的（，你去就是。）（第638頁）

46（你）坐著！（別站起來。）（你）坐下（，別站著！）（第639頁）

47（你）站起來（！）（第639頁）

48（桃子）讓我嘗嘗（。）（第640頁）

49（你）慢慢地說！別著急（！）（第641頁）

50 把門關上！別把東西丟了（！）（第642頁）

51 把這頭牛牽回家去（！）（第643頁）

52（他）把弟弟帶來了（。）（第644頁）

53（他）沒有把衣服拿回來（。）（第645頁）

54 碗被打破了（。）（第646頁）

55（他）被罵了一頓（，不敢再說話了。）（第646頁）

56（這件事）被他說中了（。）（第647頁）

57（衣服）被煙頭燒了一個窟窿（。）（第648頁）

58（這件事情）別讓他知道（！）（第649頁）

59 給他一支筆！別給他錢（！）（第650頁）

60（外婆）給了我壓歲錢（。）（第651頁）

61（朋友）借給他一間房間（。）（第652頁）

62（今天）比昨天更熱（。）（第653頁）

63（他）比我高三公分（。）（第653頁）

64（我）**沒有他那麼傻**（。）（第 654 頁）

65 **大路和小路差不多遠**（。）（第 655 頁）

66（這種顏色）**和那種不一樣**（。）（第 656 頁）

67（你）**是學生嗎**（？）（第 657 頁）

68（你）**要哪一件呢**（？）（第 657 頁）

69（明天你）**去北京不去**（？）——（我）**不去**（。）（第 658 頁）

70（他明天還去北京不去？——他）**不去了。**

（他明天還是不去北京嗎？——他）**要去了**（。）（第 659 頁）

71（上星期你）**去了北京沒有**（？）——（我）**去了。**（我）**沒去。**（第 660 頁）

72（這件事他）**知道不知道**（？）（第 661 頁）

73（你）**喜歡紅的還是喜歡藍的**（？）（第 662 頁）

74（你路熟，你）**前面走**（。）（第 663 頁）

75 **先喝酒**（，後吃飯。）（第 664 頁）

76（我）**去過三回北京**（。）（第 664 頁）

77（我們）**看電影去吧**（！）（第 665 頁）

78（你剛才幹什麼去了？——我）**去買菜了**（。）（第 665 頁）

79（你去哪兒？——我）**去南昌**（。）（第 666 頁）

80（你昨天去哪兒了？——我）**去南昌了**（。）（第 666 頁）

我认识他，他是你父亲（。）

南　昌	我 ŋo²¹³ 认得n̠in²¹tɛt⁵ 渠 tɕie²⁴，渠是 ɕi²¹ 尔□n̠²¹³nin⁰ 屋里爷
修　水	我 ŋo²¹ 认得n̠in²²tɛt⁴² 渠 xɛ²⁴，渠是 sʅ²² 尔 n̠²¹ 爷
湖　口	我 ŋo³⁴³ 认得n̠in²¹³tɛ⁰ 伊侬 i⁴²noŋ²¹¹，伊是 ʐʅ²¹³ 尔 n̠³⁴³ 的 ti⁰ 老子
鄱　阳	我 ŋo⁴² 认得 iēn²¹tə⁰ 渠 tɕie²⁴，渠是 sʅ²¹ 你ni⁴² 个 ko⁰ 老子
铅　山	阿 a³³ 认得n̠in²¹tɛʔ⁴ 倒 tau⁰ 渠哩 kʻɯ³³li⁰，渠是 sʅ³³ 尔 n̠³³ 爷老子
抚　州	我 ŋo⁴⁵ 认得n̠in²¹²tɛʔ² 渠 kie⁴⁵，渠是ɕi²¹ 你ni⁴⁵ 爷
资　溪	阿 a³¹ 认得n̠in²² tɛʔ³ 渠 kɛ³⁵，渠是ɕi²¹ 你 nɛ³⁵ 爷
宜　黄	我 ŋo³³ 认得n̠in²²tɛʔ² 渠 ke³³，渠是ɕi²² 你lɛ³³ 个 ko⁰ 爷
丰　城	我 ŋo³⁵ 认得n̠in²¹³tɛʔ³² 渠 tɕie³⁵，渠是 sʅ²¹³ 你ni³⁵ 爷
高　安	我 ŋo³⁵ 认得 in²²tɛt⁵ 渠 kie³⁵，渠是 se²² 尔n̠³⁵ 爷
新　余	阿 ŋa⁴⁵/我 ŋo⁴⁵ 认得n̠in¹²tɛʔ² 渠 kie⁴⁵，渠是ɕi¹² 你ni⁴⁵ 爷子
吉　安	阿 ŋa⁵³/我 ŋo⁵³ 认得n̠in²¹⁴tɛ³³⁴ 渠 kie⁵³，渠是 sʅ²¹⁴ 你ni⁵³ 个 ko⁰ 爷
遂　川	阿 ŋa³⁵/我 ŋo³⁵ 认得n̠in²¹⁴tɛ⁵⁵ 渠 tɕi³⁵，渠tɕi³⁵ 是ɕie³⁵ 你ni³⁵ 个 kɛ³⁵ 爹
宁　都	俚 ŋai⁴² 认得 nən⁴⁴tək³² 到 tau³¹ 渠 tɕie⁴²，渠系 xɛi⁴⁴ 你 nie⁴² 爹
瑞　金	俚 ŋɛ⁴⁴ 认得n̠in⁵¹tɛʔ² 渠 ku⁴⁴ 倒 tə²¹²，渠系 xɛ⁵¹ 你ni⁴⁴ 爷佬
于　都	俚 ŋæ⁴² 认得n̠iɛ̃⁴²tɛʔ⁵ 渠 ku³¹，渠系 xɛ⁴² 你哩ni³¹li⁰ 你们爷佬
赣　县	俚 ŋæ²¹² 认得n̠i⁴⁴tɛʔ³² 渠 tɕi²¹²，渠系 xɛ⁴⁴ □nia²¹² 爷佬
南　康	俚 ŋæ¹¹ 认得n̠iəŋ⁵³tɛ⁵⁵ 渠 tɕi¹¹，渠系xɛ⁵³ 你ni¹¹ 爷佬
龙　南	俚 ŋai³¹² 认得n̠in²²tæʔ⁴³ 渠 tɕi³¹²，渠系 xɛ²² 你ni³¹² 爷佬
寻　乌	俚 ŋai²¹⁴ 认得n̠in⁵⁵tiʔ²¹ 渠 ki²¹⁴，渠系 xie⁵⁵ 尔 n̠²¹⁴ 个 ke⁰ 爷佬
黄　坳	俚 ŋai³¹ 识得 sʅ²tɛt⁰ 渠 ki³¹，渠系 xɛ²⁴ 你ni³¹ 爷子
铜　鼓	俚 ŋai²¹ 认得n̠in⁵¹tɛk⁰ 渠 tɕi¹³，渠系 xɛ⁵¹ 你ni²¹ 爷子
大　溪	俚 ŋæ²¹³ 认得n̠ĩn⁴³⁵tʅʔ⁴ 到 tau⁰ 渠 kɛ²¹³，渠系 xɛ⁴³⁵ 尔n̠²¹³ 个 kɛ⁰ 爷嘞
太　源	俚 ŋai⁴⁴ 认得n̠in⁴²tʅ⁰ 到 tau⁴⁴ 渠 tɕiu⁴⁴，渠是 sʅ⁴⁴ 你ni⁴⁴ 爷
九　江	我 ŋo²¹³ 认得 ʐən²¹tai⁵³ 渠 kʻei⁴⁴，渠是 sʅ²¹ 尔n̠²¹³ 爷佬
赣　州	我 ŋo⁴⁵ 认得 iən²¹²tæ⁰ 他 tʻa³³，他是 sʅ²¹² 你ni⁴⁵ 爹爹
白　槎	我 ŋo²¹⁴ 认得 ʐən³¹²tɛ⁴² 他 tʻa⁴²，他是 sʅ³¹² 尔n̠²¹⁴ 达
浮　梁	我 o³¹ 认得 iɛn³³tai⁰ 渠 tɕi²⁴，渠是 ɕi³³ 尔 n̠³¹ 老子
婺　源	我θ³¹ 认得niæn⁵¹tɕ⁰ 渠 tɕie¹¹，渠是 ɕi³¹ 尔 n̠³¹ 个 ke⁰ 老子
上　饶	阿 a²⁴ 认得n̠ĩn²¹tʅʔ⁵ 倒 tɔu⁰ 渠人 gə²⁴ñĩn⁰，渠是尔（人）n̠²⁴（ñĩn⁰）老子
广　丰	阿农 ɑ²¹noŋ²⁴ 认得 n̠ĩn²¹tʅʔ⁵ 着 dæʔ⁰ 渠 ŋɣ²⁴，渠农是尔来 nɛi²³¹ 你们爷
铜　山	我 ua⁴³ 认得 lien²¹tie?⁴ 着 tiə⁰ 伊 i³³，伊是恁 lien⁴⁴ 你们老岁

	02	03
	他会来的（。）	（你的事，你）得去看看（。）
南 昌	渠会 ui²¹ 来个 ko⁰	要 iɛu⁴⁵ 去看 kʰɔn²¹³ 下子 xa²¹tsʅ⁰
修 水	渠会 ui²² 来个 kɔ⁰	要 iau⁵⁵ 去望 mɔŋ²² 一下 it⁴²xa⁰
湖 口	伊会 xuei²¹³ 来的 ti⁰	要 iau⁴⁵⁵ 去望望 mɔŋ²¹³mɔŋ⁰
鄱 阳	渠会 uɛi²¹ 来	要 iau³⁵ 去看 kʰõn³⁵ 下子 xʋ²¹tsʅ⁰
铅 山	渠会 fui²¹ 来个 ko⁰	要 iau²¹ 去看 kʰɔn²¹ 下 xa⁰
抚 州	渠会 ɔi²¹² 来个 ko⁰	要 iau⁴¹ 去看 kʰɔn⁴¹ 下xa⁰
资 溪	渠会 uoi²² 来个 ko⁰	要 iau⁵³ 去看看 kʰɔn⁵³kʰɔn⁰
宜 黄	渠会 fɛi²² 来	要 iau⁴² 去看 kʰɔn⁴² 一下 it²xa²²
丰 城	渠会 vei²¹³ 来	要 iɛu²¹³ 去看 kʰɔn²¹³ 下xa⁰
高 安	渠会 ɔi²² 来	要 iɛu⁴⁴ 去看 kʰɔn⁴⁴ 一下 it⁵xa⁰
新 余	渠会 uoi¹² 来个 ko⁰	要 iɛu⁴² 去看 kʰɔn⁴² 下 xa⁰
吉 安	渠会 fei²¹⁴ 来个 ko⁰	要 iau²¹ 去看 kʰɔn²¹ 一下 i³³⁴xa²¹⁴
遂 川	渠会 uɛ²¹⁴ 来个 kɛ⁰	要 iɒ⁵⁵ 去看 kʰuɛ̃n⁵⁵ 一下i⁵⁵xa²¹⁴
宁 都	渠会 vei⁴⁴ 来	要 iau⁴⁴ 去看 kʰɔn³¹ 一下 it³²xa⁰
瑞 金	渠会 vuɛ⁵¹ 来（个 ke）	要 iɒ⁴² 去看 kʰuɛn⁴² 一下 iʔ²xa⁵¹
于 都	渠会 vuɛ⁴² 来个 kæ⁰	要 iɒ³²³ 去看 kõ³²³ 一下 iɛʔ⁵xa⁴²
赣 县	渠会 ue⁴⁴ 来	要 iɒ⁴⁴ 去看 kɔ̃⁴⁴ 一下 iɛʔ³²xa⁰
南 康	渠会 væ⁵³ 来	要 iɒ⁵³ 去看 kʰuɛ̃⁵³ 下嘞 xa⁵³lə⁰
龙 南	渠会 vɔi²² 来	爱 ɔi⁴⁴ 去看 kʰuon⁴⁴ 下嘚 xa²²təʔ⁰
寻 乌	渠会 vɐi⁵⁵ 来	爱 ŋuɛi⁵⁵ 下子 xa⁵⁵tsʅ⁰
黄 坳	渠会 vɔi⁵³ 来	爱 ɔi⁵³ 去看 kʰɔn⁵³ 下子 xa⁵³tsʅ⁰
铜 鼓	渠会 vɔi⁵¹ 来个 kɛ⁰	爱 ɔi⁵¹ 去看 kʰɔn⁵¹ 下子 xa⁵¹tsʅ⁰
大 溪	渠会 uɛ⁴³⁵ 来个 kɛ⁰	爱 uɛ⁵² 去望望 mɔŋ⁴³⁵mɔŋ⁰
太 源	渠解 xai⁴² 来个 kɛ⁰	爱 uɔi⁴⁴ 去睇睇 tʰai³²⁵tʰai⁰
九 江	渠会 xuei²¹ 来的 ti⁰	要 iau²¹ 去看 kʰan²¹ 一下 i⁵³xʋ²¹
赣 州	他会 xuɛ²¹² 来的 ti⁰	要 iɒ²¹² 去看 kʰãn²¹² 一下 iɛʔ³ɕia²¹²
白 槎	他会 xuei³¹² 来的 ti⁰	要 iau³¹² 去瞧 tɕʰiau⁵⁵ 一下 i⁴²xa³¹²
浮 梁	渠会 uɛ³³ 来个啊 ka⁰	应 ŋai⁵⁵ 去看看 kʰiɛn²¹³kʰiɛn⁰
婺 源	渠会 xuɛ⁵¹ 来个 ke⁰	要 iɔ³⁵ 去看 kʰum³⁵ 下 xɵ⁰
上 饶	渠人会 ui²³¹ 来个 kə⁰	要 iɔu⁴³ 去看 kʰuõn⁴³ 下 xa²¹² 个 kə⁰
广 丰	渠农解 xai²⁴ 来个 kɤ⁰	□sɒu²¹ 要去觑 tsʰu⁵ 下 xɔ⁰ 个 kɤ⁰
铜 山	伊会 uəi⁵⁵ 来个 e⁰	着 tiə⁵⁵ 去 kʰɯ²¹ 看 kʰua²¹ 一下 tɕie⁰

（这块布）**能做**（两条裤子），

南昌	做 tsu⁴⁵ 得 tɛt⁵ 到 tau⁴⁵ 两条裤哩，
修水	做 tsɿ⁵⁵ 得 tɛt⁴² 两条裤到 tau⁵⁵，
湖口	做 tso⁴⁵⁵ 得 tɛ⁴⁴⁵ 到 tau⁴⁵⁵ 两条裤，
鄱阳	做 tso³⁵ 得 tə⁴⁴ 到 tau³⁵ 两条裤子，
铅山	做 tso²¹ 得 tɛʔ⁴ 两条裤到 tau²¹/到 tau²¹ 两条裤，
抚州	做 tsɿ⁴¹ 得 tɛʔ² 两条裤到 tau⁴¹/到两条裤 tau⁴¹，
资溪	做 tso⁵³ 得 tɛʔ³ 两条裤子到 tau⁵³，
宜黄	做 to⁴² 得 tɛʔ² 两条裤子到 tau⁴²，
丰城	做 tsɿ²¹³ 得 tɛʔ³² 两条裤子到 tau²¹³/到 tau²¹³ 两条裤子，
高安	裤 liɛn²¹³ 得 tɛt⁵ 两条裤子到 tau⁴⁴/到 tau⁴⁴ 两条裤子，
新余	做 tsɿ⁴² 得 tɛʔ⁵ 两条裤嘚到 tau⁴²/到 tau⁴² 两条裤嘚，
吉安	做 tso²¹ 得 tɛ³³⁴ 两条裤哩到 tau²¹⁴/到 tau²¹⁴ 两条裤哩，
遂川	做 tso⁵⁵ 得 tɛ⁵⁵ 到 tɒ⁵⁵ 两条裤，
宁都	做 tso³¹ 得 tək³² 两条裤到 tau³¹/到 tau³¹ 两条裤，
瑞金	做 tso⁴² 得 tɛʔ² 两条裤倒 tɔ²¹²/倒 tɔ²¹² 两条裤，
于都	做 tsɣ³²³ 得 tɛʔ⁵ 两条裤到 tɔ³²³/到 tɔ³²³ 两条裤，
赣县	做 tsəu⁴⁴ 到 tɔ⁴⁴ 两条裤，
南康	做 tso⁵³ 得 tɛ⁵⁵ 到 tau⁵³ 两条裤
龙南	做 tsu⁴⁴ 得 tɛʔ⁴³ 两条裤倒 tau⁵³/倒 tau⁵³ 两条裤，
寻乌	做 tso⁵⁵ 得 tiʔ²¹ 两条裤到 tau⁵⁵/到 tau⁵⁵ 两条裤，
黄坳	做 tso⁵³ 得 tɛt² 两条裤到 tau⁵³/到 tau⁵³ 两条裤，
铜鼓	做 tso⁵¹ 得 tɛk³ 两条裤，
大溪	做 tso⁵² 得 tɛʔ⁴⁵ 到 tau⁵² 两条裤，
太源	做 tso⁴⁴ 得 tɛʔ⁴ 到 tau⁴⁴ 两条裤，
九江	做 tsəu²¹ 倒 tau²¹³/得 tə⁰ 了 liau²¹³ 两条裤子，
赣州	做 tso²¹² 得 tæ²¹² 倒 tɔ⁴⁵ 两条裤子，
白槎	能 nən⁵⁵ 做 tso³¹² 两条裤子，
浮梁	做 tso²¹³ 得 tai²¹³ 两条裤，
婺源	夥 tɕia³⁵ 做 tsu³⁵ 两条裤，
上饶	做 tso⁴³ 得 tɿʔ⁵ 倒 tou⁰ 两条裤，
广丰	做 tso⁴³ 得 tɿʔ⁵ 着 dæʔ⁰/倒 tuɯ⁵² 两条裤，
铜山	做 tsue⁴⁴ 得 tieʔ⁴ 倒 to⁴⁴³ 两条裤，

第六章・江西方言代表方言點語法例詞、例句對照

04

做不了（三条裤子。）

南　昌	做 tsu⁴⁵ 三条裤哩不 pit⁵ 到 tau⁴⁵ / 不 pit⁵ 到 tau⁴⁵ 三条裤哩
修　水	做 tsʅ⁵⁵ 三条裤不 pət⁴² 到 tau⁵⁵ / 不 pət⁴² 到 tau⁵⁵ 三条裤
湖　口	做 tso⁴⁵⁵ 不 pu⁴⁵⁵ 到 tau⁴⁵⁵ 三条裤
鄱　阳	做 tso³⁵ 不 pə⁴⁴ 到 tau⁰ 三条裤子
铅　山	做 tso²¹ 不 pyʔ⁴ 三条裤到 tau²¹/三条裤不 pyʔ⁴ 到 tau²¹/不 pyʔ⁴ 到 tau²¹ 三条裤
抚　州	做 tsʅ⁴¹ 不 put² 到 tau⁴¹ 三条裤子
资　溪	做 tso⁵³ 不 pit³ 到 tau⁵³ 三条裤
宜　黄	做 to⁴² 不 put² 到 tau⁴² 三条裤子
丰　城	做 tsʅ²¹³ 不 pɿʔ³² 三条裤子到 tau²¹³ / 三条裤子不 pɿʔ³² 到 tau²¹³ / 不 pɿʔ³² 到 tau²¹³ 三条裤子
高　安	𢯊 lien²¹³ 不 pit⁵ 三条裤子到 tau⁴⁴ / 三条裤子不 pit⁵ 到 tau⁴⁴ / 不 pit⁵ 到 tau⁴⁴ 三条裤子
新　余	做 tsʅ⁴² 不 pə⁵ 三条裤嗰到 tau⁴² / 到 tau⁴² 三条裤嗰
吉　安	做 tso²¹ 三条裤哩不 pu³³⁴ 到 tau²¹⁴
遂　川	做 tso⁵⁵ 唔 n̩²² 到 tɒ⁵⁵ 三条裤
宁　都	做 tso³¹ 三条裤唔 n̩¹³ 到 tau³¹ / 唔 n̩¹³ 到 tau³¹ 三条裤
瑞　金	做 tso⁴² 三条裤唔 n̩⁴⁴ 倒 tɔ²¹² / 唔 n̩⁴⁴ 倒 tɔ²¹² 三条裤
于　都	做 tsɤ³²³ 唔 n̩⁴⁴ 三条裤到 tɔ³²³ / 三条裤唔 n̩⁴⁴ 到 tɔ³²³ / 唔 n̩⁴⁴ 到 tɔ³²³ 三条裤
赣　县	做 tsəu⁴⁴ 唔 n̩²¹² 到 tɔ⁴⁴ 三条裤
南　康	做 tso⁵³ 唔 n̩¹¹ 到 tau⁵³ 三条裤
龙　南	做 tsu⁴⁴ 唔 m̩³¹² 到 tau⁵³ 三条裤
寻　乌	做 tso⁵⁵ 三条裤唔 n̩²¹⁴ 到 tau⁵⁵ / 唔 n̩²¹⁴ 到 tau⁵⁵ 三条裤
黄　坳	做 tsɔ⁵³ 咐 m̩²¹² 到 tau⁵³ 三条裤
铜　鼓	做 tsɔ⁵¹ 唔 n̩¹³ 到 tau⁵¹ 三条裤
大　溪	做 tso⁵² 唔 n̩²¹³ 到 tau⁵² 三条裤
太　源	做 tso⁴⁴ 咐 m̩²¹² 到 tau⁴⁴ 三条裤
九　江	做 tsəu²¹ 不 pu⁵³ 倒 tau²¹³ / 了 liau²¹³ 三条裤子
赣　州	做 tso²¹² 不 pɤʔ³ 倒 tɔ⁴⁵ 三条裤子
白　槎	做 tso³¹² 不 pu⁴² 倒 tau³¹² 三条裤子
浮　梁	做 tso²¹³ 不 pai²¹³ 得 tai²¹³ 三条裤
婺　源	不 pu⁵¹ 够 tɕia³⁵ 做 tso³⁵ 三条裤
上　饶	做 tso⁴³ 不 puʔ⁴ 倒 tɒu⁵² 三条裤
广　丰	做 tso⁴³ 弗 fɤʔ² 着 dæʔ⁰ / 倒 təu⁵² 三条裤
铜　山	做 tsue⁴⁴ 咐 m̩²¹ 倒 to⁴⁴³ 三条裤

（我）打得过他，（他）打不过我（。）

南 昌	打得 tɛt⁵ 渠赢 iaŋ⁴⁵ /赢 iaŋ⁴⁵ 渠，打我不 pit⁵ 赢 iaŋ²⁴⁵ /不 pit⁵ 赢 iaŋ⁴⁵ 我
修 水	打得 tɛt⁴² 渠赢 iaŋ⁴⁵ /赢 iaŋ⁴⁵ 渠，打我不 pət⁴² 赢 iaŋ⁴⁵ /不 pət⁴² 赢 iaŋ⁴⁵ 我
湖 口	打得 tɕ⁴⁵⁵ 赢 iaŋ²¹¹ 伊侬，打不 pu⁴⁵⁵ 赢 iaŋ²¹¹ 我侬
鄱 阳	打得 tə⁰ 渠赢 in²⁴ /赢 in²⁴ 渠，打不 pə⁴⁴ 赢 in²⁴ 我
铅 山	打得 tɛʔ⁴ 渠哩赢 in²⁴ /赢 in²⁴ 渠哩，打阿哩不 pɤʔ⁴ 赢 in²⁴ /不 pɤʔ⁴ 阿哩赢 in²⁴
抚 州	打得 tɛʔ² 赢 iaŋ²⁴ 渠，打不 put² 赢 iaŋ²⁴ 我
资 溪	打得 tɛʔ³ 渠赢 iaŋ¹³ /赢 iaŋ¹³ 渠，打不 pit³ 阿赢 paŋ¹³ /赢 iaŋ¹³ 阿
宜 黄	打得 tɛʔ² 赢 iaŋ⁴⁵ 渠，打不 put² 赢 iaŋ⁴⁵ 我
丰 城	打得 tɛʔ³² 渠赢 iaŋ³³ ，打不 pɪʔ³² 我赢 iaŋ³³
高 安	打得 tɛt⁵ 渠赢 iaŋ²¹³ /赢 iaŋ²¹³ 渠，打不 pit⁵ 我赢 iaŋ²¹³ /赢 iaŋ²¹³ 我
新 余	打得 tɛʔ⁰ 渠赢 iaŋ⁴² ，打不 pə⁵ 阿/我赢 iaŋ⁴²
吉 安	打得 tɕ³³⁴ 渠赢 iaŋ²¹ ，打阿/我不 pu³³⁴ 赢 iaŋ²¹
遂 川	打得 tɕ⁵⁵ 渠赢 iã²² /赢 iã²² 渠，打阿唔 m̩²² 赢 iã²² /唔 m̩²² 赢 iã²² 阿
宁 都	打得 tək³² 渠赢 iaŋ¹³ ，打佢 ŋai⁴² 唔 m̩¹³ 赢 iaŋ¹³
瑞 金	打得 tɕʔ² 渠赢 iaŋ³⁵ /赢 iaŋ³⁵ 渠，打佢唔 ŋ̍⁴⁴ 赢 iaŋ³⁵ /唔 ŋ̍⁴⁴ 赢 iaŋ³⁵ 佢
于 都	打得 tɕʔ⁵ 渠赢 iaŋ⁴⁴ /赢 iaŋ⁴⁴ 渠，打佢佢唔 ŋ̍⁴⁴ 赢 iaŋ⁴⁴ /唔 ŋ̍⁴⁴ 赢 iaŋ⁴⁴ 佢
赣 县	打得 tɕʔ³² 渠赢 iã²¹² /赢 iã²¹² 渠，打佢唔 ŋ̍²¹² 赢 iã²¹² /唔 ŋ̍²¹² 赢 iã²¹² 佢
南 康	打得 tɕ⁵⁵ 渠赢 iã¹¹ /赢 iã¹¹ 渠，打佢唔 ŋ̍¹¹ 赢 iã¹¹ /唔 ŋ̍¹¹ 赢 iã¹¹ 佢
龙 南	打得 tæʔ⁴³ 渠赢 iaŋ³¹² /赢 iaŋ³¹² 渠，打佢唔 m̩³¹² 赢 iaŋ³¹² /唔 m̩³¹² 赢 iaŋ³¹² 佢
寻 乌	打得 ti̯ʔ²¹ 渠赢 iaŋ²¹⁴ /渠得 ti̯ʔ²¹ 赢 iaŋ²¹⁴ ，打佢唔 ŋ̍²¹⁴ 赢 iaŋ²¹⁴
黄 坳	打得 tɛt² 渠赢 iaŋ²¹² ，打佢唔 m̩²¹² 赢 iaŋ²¹²
铜 鼓	打得 tɛk³ 赢 iaŋ¹³ 渠，打唔 ŋ̍¹³ 赢 iaŋ¹³ 佢
大 溪	打得 tɕʔ⁴ 过 ko⁵² 渠，打唔 ŋ̍²¹³ 过 ko⁵² 佢/佢唔 ŋ̍²¹³ 过 ko⁵²
太 源	打得 tɕʔ⁴ 渠过 ku⁴⁴ /得 tɕʔ⁴ 过 ku⁴⁴ 渠，打佢唔 m̩²¹² 过 ku⁴⁴ /唔 m̩²¹² 过 ku⁴⁴ 佢
九 江	打得 tai⁵³ 赢 in⁴⁴ 渠，打我不 pu⁵³ 赢 in⁴⁴ /不 pu⁵³ 赢 in⁴⁴ 我
赣 州	打得 tɤʔ³ 他赢 iəŋ⁴² /赢 iəŋ⁴² 他，打不 pɤʔ³ 赢 iəŋ⁴² 我/我不 pɤʔ³ 赢 iəŋ⁴²
白 槎	打得 tɕ⁴² 赢 in⁵⁵ 他，打不 pu⁴² 赢 in⁵⁵ 我
浮 梁	打得 tai²¹³ 赢 ŋai²⁴ 渠，打不 pai²¹³ 赢 ŋai²⁴ 我
婺 源	打得 tɔ⁵¹ 赢 iɔ¹¹ 渠，打不 pu⁵¹ 赢 iɔ¹¹ 我θ³¹
上 饶	打得 tɪʔ⁰ 过 ko⁴³ 渠人，打不 puʔ⁴ 过 ko⁴³ 阿人/阿不 puʔ⁴ 过 ko⁴³⁴
广 丰	打得 tɪʔ⁰ 过 kye⁴³ 渠，打弗 fɤʔ² 过 kye⁴³ 阿/阿弗 fɤʔ² 过 kye⁴³⁴
铜 山	拍得 tieʔ⁴ 过 kə²¹ 伊，拍唔 m̩²¹ 过 kə⁴⁴ 我/我唔 m̩²¹ 过 kə²¹

（只剩三分钟了,）来得及吗（？）——来不及了（。）

地点	来得及吗 ——来不及了
南昌	来 lii⁴⁵ 得 tɛt⁵ 赢 iaŋ⁴⁵ 啵 po⁰——来 lii⁴⁵ 不 pit⁵ 赢 iaŋ⁴⁵ 了 liɛu⁰
修水	来 lɛi²⁴ 得 tɛt⁴² 赢 iaŋ²⁴ 啵 pɔ⁰——来不 pət⁴² 赢 iaŋ²⁴ 了 tau⁰
湖口	来 lai²¹¹ 得 tɛ⁴⁵⁵ 赢 iaŋ²¹¹ 啵 po⁰——来 lai²¹¹ 不 pu⁴⁵⁵ 赢 iaŋ²¹¹ 嘞 lɛ⁰
鄱阳	来 lai²⁴ 得 tə⁰ 赢 in²⁴ 啵 po⁰——来 lai²⁴ 不 pə⁴⁴ 赢 in²⁴ 唎 lie⁰
铅山	来 lai²⁴ 得 tɛʔ⁴ 待 tʼai²¹ 吧 pa⁰——来 lai²⁴ 不 pɤʔ⁴ 待 tʼai²¹ 唠 lau⁰
抚州	来 loi²⁴ 得 tɛʔ² 赢 iaŋ²⁴ 啵 po⁰——来 loi²⁴ 不 put⁵ 赢 iaŋ²⁴ 哩 li⁰
资溪	来 loi¹³ 得 tɛʔ² 赢 iaŋ¹³ 么 mo⁰——来 loi¹³ 不 pit³ 赢 iaŋ¹³ 了 tiau⁰
宜黄	来 lɛi⁴⁵ 得 tɛʔ² 赢 iaŋ⁴⁵ 啵 po⁰——来 lɛi⁴⁵ 不 puʔ² 赢 iaŋ⁴⁵ 欸 ɛ⁰
丰城	来 lei³³ 得 tɛʔ⁰ 赢 iaŋ³³ 吗 ma⁰——来 lei³³ 不 piʔ³² 赢 iaŋ³³ 哩 li⁰
高安	来 loi²¹³ 得 tɛt⁵ 赢 iaŋ²¹³ 么 mo⁰——来 loi²¹³ 不 pit⁵ 赢 iaŋ²¹³ 哦 o⁰
新余	来 lai⁴² 得 tɛʔ⁵ 赢 iaŋ⁴² 么 mo⁰——来 lai⁴² 不 pəʔ⁵ 赢 iaŋ⁴² 哩 li⁰
吉安	来 loi²¹ 得 tɛ³³⁴ 赢 iaŋ²¹ 啵 po³³⁴——来 loi²¹ 不 pu³³⁴ 赢 iaŋ²¹ 哩 li⁰
遂川	来 lɛ²² 得 tɛ⁵⁵ 赢 iã²² 吗 ma⁰ 啦 la⁰——来 lɛ²² 唔 ŋ̩²² 赢 iã²² 矣 ʂi⁰
宁都	来 lɛi¹³ 得 tək³² 赢 iaŋ¹³ 来 lɛi¹³ 唔 ŋ̩¹³ 赢 iaŋ¹³——来 lɛi¹³ 唔 ŋ̩¹³ 赢 iaŋ¹³ □çiɛ⁰
瑞金	□ti⁴⁴ 来 luɛ³⁵ 得 tɛʔ² 赢 iaŋ³⁵——来 luɛ³⁵ 唔 ŋ̩⁴⁴ 赢 iaŋ³⁵ 啾 çiu⁴⁴
于都	可 kʼy³⁵ 舞 vu³⁵ 得 tɛʔ² 赢 iã⁴⁴——舞 vu³⁵ 唔 ŋ̩⁴⁴ 赢 iã⁴⁴ □ieu⁰
赣县	可 kʼæ⁵³ 赶 ko⁵³ 得 tɛʔ² 赢 iã²¹²——赶 ko⁵³ 唔 ŋ̩²¹² 赢 iã²¹² 了 liɔ⁰
南康	可 kʼæ⁴² 舞 vu²¹ 得 tɛ⁵⁵ 赢 iã¹¹ 哦 o⁰——舞 vu²¹ 唔 ŋ̩¹¹ 赢 iã¹¹ 啦 la⁰
龙南	舞 vu⁵³ 得 tæʔ⁴³ 赢 iaŋ³¹² 吗 ma²⁴——舞 vu⁵³ 呣 m̩³¹² 赢 iaŋ³¹² □çi⁰
寻乌	来 luɛi²¹⁴ 得 tiʔ²¹ 赢 iaŋ²¹⁴ 末 me⁰——来 luɛi²¹⁴ 唔 ŋ̩²¹⁴ 赢 iaŋ²¹⁴ 嘞 le⁰
黄坳	来 lɔi²¹² 得 tɛt⁵ 赢 iaŋ²¹² 吗 ma⁰——来 lɔi²¹² 呣 m̩²¹² 赢 iaŋ²¹² 哩 li⁰
铜鼓	来 lɔi¹³ 得 tɛk³ 赢 iaŋ¹³ 吥 pu⁰?——来 lɔi¹³ 唔 ŋ̩¹³ 赢 iaŋ¹³ 哩 li⁰
大溪	米 læ²¹³ 得 tɛʔ⁴⁵ 着 tsɐʔ⁵ 吧 pæ⁰——米 læ²¹³ 唔 ŋ̩²¹³ 着 tsɐʔ⁵ 嘞 lɛ⁰
太源	来 luɔi²¹² 得 tɛʔ⁴ 赢 iaŋ²¹² 欸 ɛ⁰ 吗 ma⁰——来 luɔi²¹² 呣 m̩²¹² 赢 iaŋ²¹² 啊 ŋa⁰
九江	来 lai⁴⁴ 得 tai⁵³ 赢 in⁴⁴ 呗 pei⁰——来 lai⁴⁴ 不 pu⁵³ 赢 in⁴⁴ 咯 lo⁰
赣州	可 kʼyʔ³ 来 læ⁴² 得 tyʔ³ 赢 iəŋ⁴² 哦 o³³——来 læ⁴² 不 pyʔ³ 赢 iəŋ⁴² 唠 lo⁰
白槎	来 lai⁵⁵ 得 tɛ⁴² 及 tɕi⁵⁵ 啵 po⁰——来 lai⁵⁵ 不 pu⁴² 及 tɕi⁵⁵ 咯 lo⁰
浮梁	来 lɛ²⁴ 得 tai²¹³ 赢 ŋai²⁴ 啵 po⁰——来 lɛ²⁴ 不 pai²¹³ 赢 ŋai²⁴ 嘞 lɛ⁰
婺源	来 le¹¹ 得 to⁵¹ 赢 iɔ̃¹¹ 伐 va⁰——来 le¹¹ 不 pu⁵¹ 赢 iɔ̃¹¹ 啦 la⁰
上饶	米 læ⁴² 得 tiʔ⁵ 待 dæ²¹ 呗 pæ⁰——米 læ⁴² 不 puʔ⁴ 待 dæ²¹ 唠 lou⁵²
广丰	米 li²³¹ 得 tiʔ⁰ 待 dɐi²¹ 唛 mæʔ⁰——米 li²³¹ 弗 fvʔ⁰ 待 dɐi²¹ 哞 məɯ⁵²
铜山	米 lai²¹ 得 tieʔ⁴ 待 tai²¹ □me⁰——米 lai²⁴ 呣 m̩²¹ 待 tai²¹ 咯 lə⁰

（胃口不好）吃不下饭（。）

南 昌	喫不 pit⁵ 进 tɕin⁴⁵ 饭
修 水	喫不 pɒt⁴² 下 xa²²饭
湖 口	饭喫不 pu⁴⁵⁵下去 xa²¹³dʑi²¹³
鄱 阳	喫不 pə⁴⁴ 下 xɒ²¹饭
铅 山	喫不 pɣʔ⁴ 饭下 xa³³ / 饭不 pɣʔ⁴ 下 xa³³ / 不 pɣʔ⁴ 下 xa³³饭
抚 州	喫不 put² 饭下 xa³² / 饭不 put² 下 xa³² / 不 put² 下 xa³² 饭
资 溪	喫不 pit³ 下 xa²²饭
宜 黄	喫不 put² 饭下 xa²² / 下 xa²² 饭
丰 城	喫不 pɿʔ³² 下 xa²¹³饭
高 安	喫饭不 pit⁵ 落 lɔk⁵ / 不 pit⁵ 落 lɔk⁵ 饭
新 余	喫不 pəʔ⁵ 进 tɕin⁴² 饭
吉 安	喫不 pu³³⁴xa²¹⁴ 饭
遂 川	喫唔ŋ²² 下 xa²¹⁴ 饭
宁 都	食饭唔ŋ̍¹³ 下 xa⁴⁴/ 唔ŋ̍¹³ 下 xa⁴⁴饭
瑞 金	食饭唔ŋ̍⁴⁴ 下 xa⁵¹/ 唔ŋ̍⁴⁴ 下 xa⁵¹饭
于 都	食饭唔ŋ̍⁴⁴ 下 xa⁴²/ 唔ŋ̍⁴⁴ 下 xa⁴²饭
赣 县	食饭唔ŋ̍²¹² 下 xa⁴⁴/ 唔ŋ̍²¹² 下 xa⁴⁴饭
南 康	食唔ŋ̍¹¹ 下xa⁵³饭
龙 南	食饭唔m̩³¹² 下 xa²²/ 唔m̩³¹² 下 xa²² 饭
寻 乌	食饭唔ŋ̍²¹⁴ 下 xa⁵⁵/ 唔ŋ̍²¹⁴下 xa⁵⁵饭
黄 坳	食饭唔m̩²¹² 下 xa²⁴/ 唔m̩²¹² 下 xa²⁴ 饭
铜 鼓	食唔ŋ̍¹³ 下 xa⁵¹饭
大 溪	食唔ŋ̍²¹³ 下 xa³³饭
太 源	食饭唔m̩²¹² 落 loʔ²/唔m̩²¹² 饭落 loʔ²/唔m̩²¹² 落 loʔ²（去 ɕiu⁴⁴）饭
九 江	喫不 pu⁵³ 下ɕiŋ²¹饭
赣 州	喫 tɕ'iɛʔ³ 不 p ɣ ʔ³ 下ɕia²¹² 饭
白 槎	喫不 pu⁴² 下 xa³¹²饭
浮 梁	饭喫不 pai²¹³ 下去 xo³³tɕ'i²¹³
婺 源	饭喫不 pu⁵¹ 下 xɵ³¹ 去 tɕ'ie³⁵
上 饶	喫不 puʔ⁴ 下 xa²³¹饭
广 丰	咥 tieʔ⁵ 弗 fɣʔ² 下 xo²⁴饭
铜 山	食 tɕiæʔ² 唔m̩²¹ 落去 lo⁵⁵k'ɯ⁰ 糜 mai³³

	08	09
	吃得了能吃（三大碗饭。）	（半碗饭）吃不饱。 （有这么多饭）吃得饱（。）
南　昌	喫得 tɛt⁵ 了 lieu²¹³	喫不 pit⁵ 饱。喫得 tɛt⁵ 饱
修　水	喫得 tɛt⁴² 了 liau²¹	喫不 pət⁴² 饱。喫得 tɛt⁴² 饱
湖　口	喫得 tɛ⁴⁵⁵ 了 liau³⁴³	喫不 pu⁴⁵⁵ 饱。喫得 tɛ⁴⁵⁵ 饱
鄱　阳	喫得 tə⁴⁴ 到 tau³⁵	喫不 pə⁴⁴ 饱。喫得 tə⁴⁴ 饱
铅　山	喫得 tɛʔ⁴ 破 pʻo²¹	喫不 pɤʔ⁴ 饱。喫得 tɛʔ⁴ 饱
抚　州	喫得 tɛʔ² 破 pʻo⁴¹	喫不 put² 饱。喫得 tɛʔ² 饱
资　溪	喫得 tɛʔ³ 了 tiau³⁵	喫不 pit³ 饱。喫得 tɛʔ³ 饱
宜　黄	喫得 tɛʔ² 了 tiau⁴⁵³	喫不 put² 饱。喫得 tɛʔ² 饱
丰　城	喫得 tɛʔ³² 了 tiau⁴⁵³	喫不 piʔ⁰ 饱。喫 tɛʔ³² 饱
高　安	喫得 tɛt⁵ 落 lɔk⁵	喫不 pit⁵ 饱。喫得 tɛt⁵ 饱
新　余	喫得 tɛʔ⁵ 圆 ion⁴²	喫不 pə⁵ 饱。喫得 tɛʔ⁵ 饱
吉　安	喫得 tɛ³³⁴ 了 liau⁵³	喫不 pu³³⁴ 饱。喫得 tɛ³³⁴ 饱
遂　川	喫得 tɛ⁵⁵ 了 lɒ³¹	喫唔ŋ̍²² 饱。喫得 tɛ⁵⁵ 饱
宁　都	食得 tək³² 掉 tʻiau³¹	食唔ŋ̍¹³ 饱。食得 tək³² 饱
瑞　金	食得 teʔ² 掉 tʻiɔ⁵¹	食唔ŋ̍⁴⁴ 饱。食得 teʔ² 饱
于　都	食得 tɛʔ⁵ 了 liɔ³⁵	食唔ŋ̍⁴⁴ 饱。食得 tɛʔ⁵ 饱
赣　县	食得 tɛʔ³² 了 liɔ⁵³	食唔ŋ̍²¹² 饱。食得 tɛʔ³² 饱
南　康	食得 tɛ⁵⁵ 了 liɔ²¹	食唔ŋ̍¹¹ 饱。食得 tɛ⁵⁵ 饱
龙　南	食得 tæʔ⁴³ 了 liau⁵³	食呣m̩³¹² 饱。食得 tæʔ⁴³ 饱
寻　乌	食得 tiʔ²¹ 了 liau⁴²	食唔ŋ̍²¹⁴ 饱。食得 tiʔ²¹ 饱
黄　坳	食得 tɛt² 了 liau³¹	食呣m̩²¹² 饱。食得 tɛt² 饱
铜　鼓	食得 tɛk³ 了 liau²¹	食唔ŋ̍¹³ 饱 pau²¹。食得 tɛk³ 饱
大　溪	食得 tɛʔ⁴⁵ 下 xa³³	食唔ŋ̍²¹³ 饱。食得 tɛʔ⁴⁵ 饱
太　源	食得 tɛʔ⁴ 耗 xau⁴⁴	食呣m̩²¹² 饱。食得 tɛʔ⁴ 饱
九　江	喫得 ti⁰ 了 liau²¹³	喫不 pu⁵³ 饱。喫得 ti⁰ 饱
赣　州	喫得 tæ⁰ 了 liɔ⁴⁵	喫不 pɣ ʔ³ 饱。喫得 tæʔ³ 饱
白　槎	喫得 tɛ⁴²	喫不 pu⁴² 饱。喫得 tɛ⁴² 饱
浮　梁	喫得 tai²¹³	喫不 pai²¹³ 饱。喫得 tai²¹³ 饱
婺　源	喫得 tɔ⁵¹	喫不 pu⁵¹ 饱。喫得 tɔ⁵¹ 饱
上　饶	喫得 tɿʔ⁰ 倒 tɔu⁵²	喫不 puʔ⁴ 饱。喫得 tɿʔ⁰ 饱
广　丰	哐 tie⁵ 得 tɿʔ⁰ 倒 təɯ⁵²	哐 tie⁵ 弗 fɤʔ² 饱。哐得 tɿʔ⁰ 饱
铜　山	食 tɕiæʔ² 得 tieʔ⁰ 倒 to⁴⁴³	食 tɕiæʔ² 唔 m̩²¹ 饱。食得 tieʔ⁰ 饱

（桃子）红了的吃得，没红的吃不得（。）

南　昌	红了 lɛu⁰ 个 ko⁰ 喫得 tɛt⁵，冇 mau²¹ 红个 ko⁰ 喫不 pit⁵ 得 tɛt⁵
修　水	熟嘚 tɛt⁰ 个 kɔ⁰ 喫得 tɛt⁴²，□mən²⁴ 熟个 kɔ⁰ 喫不 pət⁴² 得 tɛt⁴²
湖　口	红嘞 lɛ⁰ 的 ti⁰ 喫得 tɛ⁴⁴⁵，冇 mau²¹¹ 红的 ti⁰ 喫不 pu⁴⁵⁵ 得 tɛ⁴⁴⁵
鄱　阳	红咧 lie⁰ 个 ko⁰ 喫得 tə⁴⁴，冇 mau²⁴ 红个 ko⁰ 喫不 pə⁴⁴ 得 tə⁴⁴
铅　山	红唠 lau⁰ 个 ko⁰ 喫得 tɛʔ⁴，无 mu²⁴ 红个 ko⁰ 喫不 pɣʔ⁴ 得 tɛʔ⁴
抚　州	红哩 li⁰ 个 ko⁰ 喫得 tɛʔ²，冇 mau²⁴ 红个 ko⁰ 喫不 put² 得 tɛʔ²
资　溪	红了 tiau⁰ 个 ko⁰ 喫得 tɛʔ³，冇 mau¹³ 红个 ko⁰ 喫不 pit³ 得 tɛʔ³
宜　黄	红欸 ɛ⁰ 个 ko⁴² 喫得 tɛʔ²，冇 mɔu⁴⁵ 红个 ko⁴² 喫不 put² 得 tɛʔ²
丰　城	红哩 li⁰ 个 ko⁰ 喫得 tɛʔ³²，冇 mau³³ 红个 ko⁰ 喫不 pɿʔ³² 得 tɛʔ³²
高　安	红嘚 tɛt⁰ 个 ko⁰ 喫得 tɛt⁵，冇 mau²¹³ 红个 ko⁰ 喫不 pit⁵ 得 tɛt⁵
新　余	红哩 li⁰ 个 ko⁰ 喫得 tɛʔ⁵，冇 mau⁴² 红个 ko⁰ 喫不 pəʔ⁵ 得 tɛʔ⁵
吉　安	红哩 li⁰ 个 ko⁰ 喫得 tɛ³³⁴，冇 mau²¹ 红个 ko⁰ 喫不 pu³³⁴ 得 tɛ³³⁴
遂　川	红矣 i⁰ 个 kɛ⁰ 喫得 tɛŋ̍⁵⁵，唔 ŋ̍²² □nɛ̃²² 红个 kɛ⁰ 喫唔 ŋ̍²² 得 tɛ⁵⁵
宁　都	红欸 ɛ⁰ 个 kɛ⁰ 食得 tək³²，冇 mau¹³ 红个 kɛ⁰ 食唔 ŋ̍¹³ 得 tək³²
瑞　金	红哩 li⁴⁴ 个 ke⁴² 食得 tɛʔ²，唔曾 ŋ̍⁴²ťen⁴⁴ 红个 ke⁴² 食唔 ŋ̍⁴⁴ 得 tɛʔ²
于　都	红哩 li⁰ 个 kæ³²³ 食得 tɛʔ⁵⁴，唔曾 ŋ̍⁴⁴tsẽ⁴⁴ 红个 kæ³²³ 食唔 ŋ̍⁴⁴ 得 tɛʔ⁵⁴
赣　县	红了 liə⁰ 个 kæ⁰ 食得 tɛʔ³²，唔 ŋ̍²¹²na²⁴ 红个 kæ⁰ 食唔 ŋ̍²¹² 得 tɛʔ³²
南　康	红了 lə⁰ 个 kɛ⁵³ 食得 tɛ⁵⁵，唔 □ŋ̍¹¹nɛ̃¹¹ 红个 kɛ⁵³ 食唔 ŋ̍¹¹ 得 tɛ⁵⁵
龙　南	红了 liau⁰ 个 ke⁰ 食得 tæʔ⁴³，唔曾 m̩³¹²tɕˈien³¹² 红个 ke⁰ 食唔 m̩³¹² 得 tæʔ⁴³
寻　乌	红了 liau⁴² 个 ke⁵⁵ 食得 tiʔ²¹，唔曾 ŋ̍²¹⁴tɕˈien²¹⁴ 红个 ke⁵⁵ 食唔 ŋ̍²¹⁴ 得 tiʔ²¹
黄　坳	红哩 li⁰ 个 kɔ⁰ 食得 tɛt²，唔曾 nɛn²¹² 红个 kɔ⁰ 食唔 m̩²¹² 得 tɛt²
铜　鼓	红哩 li⁰ 个 ki⁵¹ 食得 tɛk³，冇 mau¹³ 红个 ki⁵¹ 食唔 ŋ̍¹³ 得 tɛk³
大　溪	红哩 li⁰ 个 kɛ⁰ 食得 tɛʔ⁴⁵，□man²¹³ 红个 kɛ⁰ 食唔 ŋ̍²¹³ 得 tɛʔ⁴⁵
太　源	红欸 ɛ⁰ 个 kɛ⁰ 食得 tɛʔ⁴，未 muɔi²¹ 红个 kɛ⁰ 食唔 m̩²¹² 得 tɛʔ⁴
九　江	红咯 lo⁰ 的 ti⁰ 喫得 tai⁵³，冇 mau²¹³ 红的 ti⁰ 喫不 pu⁵³ 得 tai⁵³
赣　州	红唠 lɔ⁰ 的 ti⁰ 喫得 tæ²¹²，没有 miu⁴⁵ 红的 ti⁰ 喫不 p ɣ ʔ³ 得 tæ²¹²
白　槎	红咯 lo⁰ 的 ti⁰ 能 nən⁵⁵ 喫，没 mei³¹² 红的 ti⁰ 喫不 pu⁴² 能 nən⁵⁵ 喫
浮　梁	红嘀 ti⁰ 个 kɛ⁰ 喫得 tai⁰，□mau²⁴ 红个 kɛ⁰ 喫不 pai⁰ 得 tai²¹³
婺　源	红之 tɕi⁰ 个 ke⁰ 喫得 tɔ⁵¹，□pɔ̃¹¹ 红个 ke⁰ 喫不 pu⁵¹ 得 tɔ⁵¹
上　饶	红吥 puʔ⁵ 个 kɔ⁰ 喫得 tiʔ⁰，呣没 m̩²¹mæʔ²³ 红个 kɔ⁰ 喫不 puʔ⁴ 得 tiʔ⁵
广　丰	红呣 m̩⁰ 个 kɣ⁰ 咥 tieʔ⁵ 得 tiʔ⁰，无 m ɣ ʔ²¹ 红个 kɣ⁰ 咥 tieʔ⁵ 弗 fɣʔ² 得 tiʔ⁵
铜　山	红了 liau⁰ 个 e⁰ 食 tɕiæʔ⁴ 得 tieʔ⁵，无 bɔ²¹ 红个 e⁰ 无会 bue²¹ 食 tɕiæʔ⁴ 得 tieʔ⁰

11

（我的事）用不着你说（。）

南 昌	不 pit⁵ 要 ieu⁴⁵ 尔话
修 水	不 pət⁴² 要 iau⁵⁵ 尔话
湖 口	不要 piau⁴⁵⁵ 尔话
鄱 阳	不 pə⁴⁴ 要 iau³⁵ 你话
铅 山	不要 piau²¹ 得 tɛʔ⁴ 尔话
抚 州	用 iuŋ²¹² 不 put² 到 tau⁴¹ 你话
资 溪	不 pit³ 要 iau⁵³ 你话
宜 黄	用 iuŋ²² 不 put² 到 tɔu⁴² 你话
丰 城	不 pɪŋ³² 要 iau²¹³ 你话
高 安	不 pit⁵ 着 t'ɔk² 你话
新 余	不 pəʔ⁵ 着 t'oʔ³⁴ 你话
吉 安	不 pu³³⁴ 要 iɛu²¹⁴ 你话
遂 川	唔 ŋ̩²² □tsŋ̍²¹⁴ 你话
宁 都	唔□ŋ̍¹³nau³¹ 你话
瑞 金	轮 lun³⁵ 唔ŋ̍⁴⁴ 倒 tɔ²¹² 你话
于 都	唔要 n̠iɔ³²³ 你话
赣 县	唔ŋ̍²¹² □tsã²⁴ 你话 ua⁴⁴
南 康	唔ŋ̍¹¹ □tsã²⁴ 你话
龙 南	咇 m̩³¹² □sŋ²² 你讲 kɔŋ⁵³
寻 乌	唔ŋ̍²¹⁴ □tsŋ²⁴ 尔话
黄 坳	咇 m̩²¹² 爱 iɕ⁵³ 你话
铜 鼓	咇 m̩¹³ 爱ɔiɕ⁵¹ 你话
大 溪	用唔ŋ̍²¹³ 着 tsɤʔ⁵ 尔话
太 源	轮 lun²¹² 咇 m̩²¹² tau⁴⁴ 你讲
九 江	不 pu⁵³ 要 iau²¹ 尔讲
赣 州	不 p ɣ ʔ³ 消ɕiɔ³³ 你讲
白 槎	不 pu⁴² 用ɥɛŋ³¹² 你管
浮 梁	不 pai²¹³ 要 iau²¹³ 尔话
婺 源	用 iɐm⁵¹ 不 pu⁵¹ 着 tsʻɒ⁵¹ 尔讲
上 饶	不要 piɔu⁴³ 得 tɿʔ⁵ 尔话
广 丰	弗 fɣʔ² □sɑu²⁴ 得 tɿʔ⁵ 尔话
铜 山	免 mian⁴⁴ 汝咀 tã²¹

（他）骗**不了**我（。）

南　昌	□tsʻɛt⁵ 我不 pit⁵ 到 tau⁴⁵ /不 pit⁵ 到 tau⁴⁵ 我
修　水	□dɛt³² 我不 pət⁴² 到 tau⁵⁵ /不 pət⁴² 到 tau⁵⁵ 我
湖　口	哄不 pu⁴⁵⁵ 了 liau³⁴³ 我侬
鄱　阳	骗不 pə⁴⁴ 得 tə⁴⁴ 我到 tau⁰
铅　山	骗阿哩不 pɣʔ⁴ 到 tau²¹ /不 pɣʔ⁴ 到 tau²¹ 阿哩
抚　州	□tʻɛ⁴⁵ 我不 put² 到 tau⁴¹ /不 put² 到 tau⁴¹ 我
资　溪	□tsʻɛ³⁵ 阿不 pit³ 到 tau⁵³ /不 pit³ 到 tau⁵³ 阿
宜　黄	□so⁴² 我不 put² 到 tɔu⁴² /不 put² 到 tɔu⁴² 我
丰　城	骗不 pɪʔ³² 到 tau²¹³ 我
高　安	骗我不 pit⁵ 到 tau⁴⁴ /不 pit⁵ 到 tau⁴⁴ 我
新　余	骗不 pəʔ⁵ 到 tau⁴² 阿
吉　安	哄不 pu³³⁴ 到 tau²¹⁴ 阿
遂　川	骗阿唔ŋ̍²² 到 tɔ⁵⁵ /唔ŋ̍²² 到 tɔ⁵⁵ 阿
宁　都	骗佢唔ŋ̍¹³ 到 tau³¹ /唔ŋ̍¹³ 到 tau³¹ 佢
瑞　金	□tsʻuɛʔ² 佢 ŋɛ⁴⁴ 唔ŋ̍⁴⁴ 倒 tɔ²¹² /唔ŋ̍⁴⁴ 倒 tɔ²¹² 佢 ŋɛ⁴⁴
于　都	骗佢唔ŋ̍⁴⁴ 到 tau³²³ /唔ŋ̍⁴⁴ 到 tau³²³ 佢
赣　县	骗唔ŋ̍²¹² 了 liɔ⁵³ 佢
南　康	哄唔ŋ̍¹¹ 了 liɔ²¹ 佢
龙　南	□tsʻau⁴⁴ 唔 m̩³¹² 了 liau⁵³ 佢/
寻　乌	□tsʻuaiʔ²¹ 唔 ŋ̍²¹⁴ 了 liau⁴² 佢/
黄　坳	□tʻaiʔ² 佢唔 m̩²¹² 到 tau⁵³ /唔 m̩²¹² 到 tau⁵³ 佢
铜　鼓	骗唔ŋ̍¹³ 到 tau⁵¹ 佢
大　溪	骗佢唔ŋ̍²¹³ 到 tau⁵² /唔ŋ̍²¹³ 到 tau⁵² 佢
太　源	骗佢唔 m̩²¹² tau⁴⁴ /唔 m̩²¹² tau⁴⁴ 佢
九　江	骗我不 pu⁵³ 倒 tau²¹³ /不 pu⁵³ 倒 tau²¹³ 我
赣　州	骗不 p ɣ ʔ³ 了 liɔ⁴⁵ 我
白　槎	哄不 pu⁴² 了 liau⁰ 我ŋɔ²¹⁴
浮　梁	哄不 pai²¹³ 到 tau²¹³ 我
婺　源	骗不 pu⁵¹ 到 tɔ³⁵ 我
上　饶	骗不 puʔ⁴ 倒 tɔu⁵² 阿人
广　丰	骗弗 fɣʔ² 倒 təɯ⁵² 阿 / 阿弗 fɣʔ² 倒 təɯ⁵²
铜　山	骗我唔 m̩²¹ 倒 to⁴⁴³ / 唔 m̩²¹ 倒 to⁴⁴³ 我

	13	14
	（今天）很热（。）	（这价钱）太贵了（。）
南　昌	好 xau²¹³ 热	太 tʻai²¹³ 贵了 lɛu⁰
修　水	蛮 mən²⁴ 热	太 dai³⁵ 贵了 tau⁰
湖　口	好 xau³⁴³ 热	太 dai²¹³ 贵嘞 le⁰
鄱　阳	真 tsən²¹ 好 xau⁴² 热	太 tʻai³⁵ 贵咧 lie⁰
铅　山	蛮 man²⁴ 热	太 tʻai²¹ 贵唠 lau⁰
抚　州	好 xau⁴⁵ 热/热很 xɛn⁴⁵ 哩 li⁰	太 xai⁴¹ 贵哩 li⁰
资　溪	好 xau³⁵ 热	太 xai⁵³ 贵了 tiau⁰
宜　黄	好 xɔu⁴⁵³ 热/贵很 xɛn⁴⁵³ 欻 ɛ⁰	太 xai⁴² 贵欻 ɛ⁰
丰　城	好 xau⁴¹ 热	贵死人 sʅ⁴¹nin³³
高　安	好 xau⁴² 热	太 xai²² 贵嘚 tɛt⁰
新　余	蛮 man⁴² 热	伤 soŋ⁴⁵ 下 xa⁰ 贵哩 li⁰
吉　安	蛮 man²¹ 热	太 tʻai²¹ 贵哩 li⁰
遂　川	蛮 mãn²² 热	太 tʻæ⁵⁵ 贵哇 ua⁰ 矣 i⁰
宁　都	蛮 man¹³ 热	太 tʻai⁴⁴ 贵掉 tʻiau³¹
瑞　金	蛮 man⁴² 热	太 tʻɛ⁴² 贵掉 tʻiɔ⁴⁴
于　都	蛮 mã⁴⁴ 滚	太 tʻæ³²³ 贵□ieu⁰
赣　县	蛮 mã²¹² 滚	太 tʻæ⁴⁴ 贵了 liɔ⁰
南　康	蛮 mã¹¹ 热	太 tʻæ⁵³ 过 kɔ⁵³ 贵啦 la⁰
龙　南	好 xau⁵³ 热	太 tʻai⁴⁴ 贵了 liau³¹²
寻　乌	十分 ɕiʔ³⁴fun²⁴ 热	太 tʻai⁵⁵ 过 kɔ⁵⁵ 贵嘞 le⁰
黄　坳	好 xau³¹ 热	太 tʻai⁵³ 过 kɔ⁵³ 贵嘞 le⁰
铜　鼓	蛮 man¹³ 热	太 tʻai⁵¹ 贵哩 li⁰
大　溪	很 xɪn⁴³³ 热	太 tʻæ⁵² 贵嘞 le⁰
太　源	蛮 man²¹² 热	太 tʻai⁴⁴ 贵呀 ia⁰
九　江	好 xau²¹³ 热	□ʂu²¹³ 贵个 ko⁰
赣　州	好滚 xɔ⁴⁵ kuəŋ⁴⁵	太 tʻæ²¹² 贵咯 lo⁰
白　槎	好 xau²¹⁴ 热	太 tʻai³¹² 贵咯 lo⁰
浮　梁	好 xau³¹ 热	太 tʻa²¹³ 贵嘀 ti⁰
婺　源	真 tsæn⁵⁵ 热	太 tʻɔ³⁵ 贵之 tɕi⁰ 啦 la⁰
上　饶	热得 tiʔ⁵ 很 xĩn⁵²	太 tʻæ⁴³ 贵唠 lou⁵²
广　丰	热得 tiʔ⁵ 显 xiẽnʔ⁵²/煞 sæʔ⁴	忒 tʻæʔ⁵ 贵啵 pɯ⁰
铜　山	热得 təʔ⁴ 煞 sæ⁴⁴³	忒 tʻæʔ⁴ 贵咯 lə⁰

（脾气）好**得不得了**极言其好（。）

南 昌	不 pit⁵ 晓得 ɕiɛu²¹³tɛt⁵ 几 tɕi²¹³ 好
修 水	不 pət⁴² 晓得ɕiau²¹tɛt⁴² 有 iu²¹ 几 tɕi²¹ 好
湖 口	不 pu⁴⁵⁵ 晓得ɕiau³⁴³tɛ⁰ 几 tɕi³⁴³ 好
鄱 阳	不 pə⁴⁴ 晓得ɕiau⁴²tə⁰ 有 iəu⁴² 几 tɕi⁴² 好
铅 山	不 pɤʔ⁴ 晓得ɕiau⁴⁵tɛʔ⁴ 几 tɕi⁴⁵ 好
抚 州	不 put² 晓得ɕiau⁴⁵tɛʔ² 几 tɕi⁴⁵ 好
资 溪	不 pit³ 晓得ɕiau³⁵tɛʔ³ 几 tɕi³⁵ 好
宜 黄	不 put² 晓得ɕiau⁴⁵³tɛʔ² 几 tɕi⁴⁵³ 好
丰 城	不 piʔ³² 晓得ɕiɛu⁴¹tɛʔ³² 几tɕi⁴¹ 好哩li⁰
高 安	不 pit⁵ 晓得ɕiɛu⁴²tɛt⁰ 几 tɕi⁴² 好
新 余	不 pə⁵ 晓得 sɛu²¹³tɛʔ⁵ 几 tɕi²¹³ 好哩 li⁰
吉 安	不 pu³³⁴ 晓得ɕiau⁵³tɛ³³⁴ 有 iu²¹ 几 tɕi⁵³ 好
遂 川	唔ŋ²² 晓得ɕiɔ³¹tɛ⁵⁵ 有 iu³¹ 几 tɕi³¹ 好
宁 都	唔ŋ¹³ 晓得 sau²¹⁴tək⁰ 几tɕi²¹⁴ 好□tɛ⁰
瑞 金	唔ŋ⁴⁴ 晓 ɕiɔ²¹² 几 tɕi⁴⁴ 好
于 都	唔ŋ⁴⁴ 晓得ɕiɔ³⁵tɛʔ⁵ 几 tɕi³⁵ 好子 tsɿ⁰
赣 县	唔ŋ²¹² 晓得ɕiɔ⁵³tɛʔ³² 几 tɕi⁵³ 好子 tsɿ⁰
南 康	唔ŋ¹¹ 晓得ɕiɔ²¹tɛ⁰ 几 tɕi²¹ 好子 tsɿ⁰
龙 南	呣 m̩³¹² 晓 ɕiau⁵³ 几 tɕi⁵³ 好
寻 乌	唔ŋ²¹⁴ 晓得 sau⁴²tiʔ² 几 ki⁴² 好子
黄 坳	呣 m̩²¹² 晓得ɕiau³¹tɛt⁰ 几 ki³¹ 好
铜 鼓	唔ŋ¹³ 晓得ɕiau²¹tɛk⁰ 几 tɕi²¹ 好子 tsɿ⁰
大 溪	唔ŋ²¹³ 晓得ɕiau⁴³³tɛʔ⁴⁵ 几 tɕi⁴³³ 好
太 源	呣 m̩²¹² 晓得ɕiau³²⁵tɛʔ⁴ 几 tɕi³²⁵ 好
九 江	不 pu⁵³ 晓得ɕiau²¹³tai⁵³ 几 tɕi²¹³ 好
赣 州	不 pɣʔ³ 晓得 ɕiɔ⁴⁵tæ⁰ 几 tɕi⁴⁵ 好
白 槎	老 lau²¹⁴ 好/好得 tɛ⁴² 不 pu⁴² 得 tɛ⁴² 了 liau²¹⁴
浮 梁	不 pai²¹³ 省得ɕiai³¹tai⁰ 有几 tɕi³¹ 好
婺 源	好不 pu⁵¹ 过 ku³⁵/ 不 pu⁵¹ 晓得ɕiɔ³⁵tɔ⁵¹ 几 tɕi³⁵ 好
上 饶	晓不得ɕiɔu⁵²puʔ⁴tɿ⁰ 几 tɕi⁵² 好
广 丰	好得 tɿʔ⁰ 无解 muɤ⁴⁴kai⁵²/ 晓弗得 xiau⁵²fɤʔ⁷tɿ⁵ 几 kɐi⁵² 好
铜 山	好得 tɔʔ⁰ 无解 mɔ²¹kai⁴⁴³/ 呒会 bue²¹ 晓得 xiau⁴⁴³tieʔ⁰ 偌 lua²¹ 好

	16	17
	用毛笔写（。）	问他借钱（。）
南 昌	拿 laʔ⁵ 毛笔写	问 min²¹ 渠 tɕʰie²⁴ 借钱
修 水	用 iən²² 毛笔写	向 ɕioŋ⁵⁵ 渠 xe²⁴ 借钱
湖 口	用 ioŋ²¹³ 毛笔写	跟 kən⁴² 伊 i⁴² 借钱
鄱 阳	用 yən²¹ 毛笔写	寻 tɕʰin²⁴ 渠 tɕʰie²⁴ 借钱
铅 山	撆 iaʔ⁴ 毛笔写	跟 ken³³ 渠哩 kʰɯ³³li⁰ 借钱
抚 州	用 iuŋ²¹² 毛笔写	问 mun²¹² 渠 kiɛ⁴⁵ 借钱
资 溪	用 iuŋ²² 毛笔写	问 mun²² 渠 kɛ³⁵ 借钱
宜 黄	拿 nat⁵ 毛笔写	和 uo⁴⁵ 渠 kɛ³³ 借钱
丰 城	拿 na³³ 毛笔写	问 vən²¹³ 渠 tɕie³⁵ 借钱
高 安	用 iuŋ²² 毛笔写	问 uen²² 渠 kiɛ³⁵ 借钱
新 余	拿 laʔ⁵ 毛笔写	问 mun¹² 渠 kiɛ⁴⁵ 借钱
吉 安	用 iuŋ²¹⁴ 毛笔写	问 uɛn²¹⁴ 渠 kiɛ⁵³ 借钱
遂 川	用 iə̃ŋ²¹⁴ 毛笔写	向 ɕiõ⁵⁵ 渠 tɕi³⁵ 借钱
宁 都	用 iuŋ⁴⁴ 毛笔写	跟 kən⁴² 渠 tɕiɛ⁴² 借票子
瑞 金	用 ivŋ⁵¹ 毛笔写	问 min⁵¹ 渠 ku⁴⁴ 借票子
于 都	用 iən⁴² 毛笔写	问 mẽ⁴² 渠 ku³¹ 借票子
赣 县	拿 na²⁴ 毛笔写	问 mən⁴⁴ 渠 tɕi²¹² 借钱
南 康	用 iən⁵³ 毛笔写	问 muɛ̃⁵³ 渠 tɕi¹¹ 借钱
龙 南	用 iən²² 毛笔写	问 muen²² 渠 tɕi³¹² 借钱
寻 乌	用 iuŋ⁵⁵ 毛笔写	问 mun⁵⁵ 渠 ki²¹⁴ 借钱
黄 坳	拿 na²⁴ 毛笔写	问 muən⁵³ 渠 ki³¹ 借钱
铜 鼓	用 iən⁵¹ 毛笔写	向 ɕioŋ⁵¹ 渠 tɕi¹³ 借钱
大 溪	用 iəŋ⁴³⁵ 毛笔写	跟 kɪn³³ 渠 kɛ²¹³ 借钱
太 源	使 sɔi³²⁵ 毛笔写	撆 ləu²¹² 渠 tɕiu⁴⁴ 借钱
九 江	拿 no⁴⁴/用 ioŋ²¹ 毛笔写	找 tsau²¹³ 渠 kʰei⁴⁴ 借钱
赣 州	拿 na⁴² 毛笔写	问 vəŋ²¹² 他 tʰa³³ 借钱
白 槎	用 ʯəŋ³¹² 毛笔写	跟 kən⁴² 他 tʰa⁴² 借钱
浮 梁	用 ioŋ³³ 毛笔写	问 men³³ 渠 tɕi²⁴ 借钱
婺 源	用 iɐm⁵¹ 毛笔写	向 ɕiã³⁵ 渠 tɕʰie¹¹ 借钱
上 饶	撆 iɐʔ⁴ 毛笔写	跟 kĩn⁴⁴ 渠 gə²⁴ 借钱
广 丰	撆 iæʔ⁴ 毛笔写	跟 kæ̃n⁴⁴ 渠 ŋʯ²⁴ 借钱
铜 山	用 ien²¹ 毛笔写	甲 kæʔ⁴ 伊 i³³ 借钱

	18	19
	（工作）任凭他挑（。）	给儿子攒了（很多钱。）
南 昌	尽 tɕin²¹³ 渠拣	帮 poŋ⁴² 崽存了 lɛu⁰
修 水	尽得 dzin²¹ tɛt⁴² 渠拣	跟 kien³⁴ 崽膁 iaŋ²² 喥 tɛt⁰
湖 口	在□ dzai²¹³ xu⁴² 伊拣	帮 poŋ⁴² 崽存嘞 lɛ⁰
鄱 阳	随便 tsʻɛi²⁴ pʻiẽn²¹ 渠拣	跟 kən²¹ 崽积咧 lie⁰
铅 山	在 tsʻai²¹ 渠哩拣	帮 poŋ³³ 崽哩积唠 lau⁰
抚 州	由 iu²⁴ 渠拣	帮 poŋ³² 崽攒哩 li⁰
资 溪	尽 tɕin³⁵ 渠拣	摎 lɛu³⁵ 崽积了 liau⁰
宜 黄	尽 tɕin⁴² 渠拣	帮 poŋ³³ 崽积欵 ɛ⁰
丰 城	由在 iu²⁴ tsʻoi²¹³ 渠拣	帮 poŋ³⁵ 崽存哩 li⁰
高 安	尽 tɕin⁴² 渠拣	帮 poŋ³⁵/跟 kien³⁵ 崽积喥 tɛt⁵
新 余	随 ɕi⁴² 渠拣	跟 kien⁴⁵ 崽积哩 li⁰
吉 安	尽 tɕin⁵³ 渠拣	跟 kən³³⁴ 崽积哩 li⁰
遂 川	由 iɜə²² /随 ɕy²² 渠拣	帮 põ⁵³ 着 tsə⁰ 崽存矣 i⁰
宁 都	尽 tsin³¹ 渠择	帮 poŋ⁴² 崽积欵 ɛ⁰
瑞 金	□ tsʻo⁵¹ 渠择	□ kan⁴² 子积倒 tɔ²¹²
于 都	由 ieu⁴⁴ tɛ⁵ 得/随便 suɛ⁴⁴ pʻĩ⁴² 渠择	跟 kẽ³¹ 子存哩 li⁰
赣 县	随 tsʻe²¹² 渠择	摎 lɔ²¹² 崽 tse⁵³ 存了 liɔ⁰
南 康	随 tsʻuɛ²¹² 渠择	帮 pɔ³³ 崽/徕嘞lə⁰ 存了 liɔ⁰
龙 南	管 kuɔŋ⁵³ /随 tsʻi³¹² 渠拣	摎 lau²⁴ 崽喥存呀 ia⁰
寻 乌	由 iu²¹⁴ /随便 sui²¹⁴ pʻiɛn⁵⁵ 渠择	帮 poŋ²⁴ 徕子存了 liau⁰
黄 坳	随 sui²¹² 渠择	摎 lau²¹² 徕子存哩 li⁰
铜 鼓	由 iu¹³ 渠择	帮 poŋ²¹⁴ 徕子存哩 li⁰
大 溪	由 iu²¹³ 渠拣	帮 poŋ³³ 子嘞存哩 li⁰
太 源	由 iu²¹² 渠拣	摎 ləu²¹² 细崽积欵 ɛ⁰
九 江	尽 tɕin²¹³ 得 tə⁰ 渠拣	给 kei²¹³ 儿子存咯 lo⁰
赣 州	随 suɛ⁴² 他挑	给 kiɛ⁴⁵ 儿子存唠 lɔ⁴²
白 槎	随 sei⁵⁵ 他挑	给 kei⁴² 儿子存咯 lo⁰
浮 梁	由 iɒu²⁴ 渠拣	帮 paŋ⁵⁵ 儿子积嘀 ti⁰
婺 源	□ tɔ³⁵/尽 tsæn³⁵ 渠拣	帮 pã⁵³ 儿子积之 tɕi⁰
上 饶	在 dzæ²¹/由 iu⁴² 渠拣	帮 pɔŋ⁴⁴ 小米积吥 puʔ⁰
广 丰	就 dzyɯ²¹ 渠拣	帮 piæn⁴⁴ 儿屯/积喥 m̩⁰
铜 山	在 dzai²¹ 伊拣	甲 kæʔ⁴ 团团积咯 lə⁰

20

（书别拿着，）放**在桌**上！（那本书我）放**在桌**上（了。）

南　昌	放得 tɛt⁵ 桌上 soŋ²¹！	放得 tɛt⁵ 在 tsʻïi²¹ 桌上 soŋ²¹
修　水	放在 dzɛi²² 桌上 soŋ²²！	放在 dzɛi²² 桌上 soŋ²²
湖　口	放到 tau⁴⁵⁵ 桌上 soŋ²¹³ 去 dʑi²¹³！	放到 tau⁴⁵⁵ 桌上 soŋ²¹³ 去 dʑi²¹³
鄱　阳	放得 tə⁴⁴ 桌子上 sãn²¹！	放得 tə⁴⁴ 桌子上 sãn²¹
铅　山	□ka²¹ 得 tɛʔ⁰ 桌上 san²¹！	□ka²¹ 得 tɛʔ⁰ 桌上 san²¹
抚　州	放到 tau⁴¹ 桌上 soŋ²¹²！	放在 tsʻai³² 桌上 soŋ²¹²
资　溪	放到 tau⁵³ 桌上 soŋ²²！	放 foŋ⁵³ 在 tʻai²² 桌soŋ²²
宜　黄	放到 tɔu⁴² 桌上 soŋ⁴²！	放诶ɛ⁰ 仕tʻɛi³³ 桌上soŋ⁴²
丰　城	放到 tau²¹³ 桌子上 soŋ²¹³！	放得 tɛ²³² 来lei³³ 桌子上 soŋ²¹³
高　安	放到 tau⁴⁴ 桌上 soŋ²² 去！	放来 lai²¹³ 桌上 soŋ²²
新　余	放哩 li⁰ 桌子上 soŋ¹²！	放（哩 li⁰）在 tsʻai¹² 桌子上 soŋ¹²
吉　安	放得 tɛ³³⁴ 桌上 soŋ²¹⁴！	放到 tau²¹⁴ 桌上 soŋ²¹⁴ 去 tɕʻie²¹⁴
遂　川	放在 tsʻɛ³⁵ 台上 sõ²¹⁴！	放在 tsʻɛ³⁵ 台上 sõ²¹⁴
宁　都	放□ta²¹⁴ 桌子□xoŋ⁴⁴！	放□xei⁴⁴ 桌子□xoŋ⁴⁴
瑞　金	放□eʔ⁴ 桌 tsoʔ² □ko⁵¹！	放□eʔ⁴ 桌 tsoʔ² □ko⁵¹
于　都	放得 tɛʔ⁵ 桌子□lõ⁴²！	放得 tɛʔ⁵ 桌子□lõ⁴²
赣　县	放得 tɛʔ³² 台子高 ko²⁴！	放得 tɛ²³² 台子高 ko²⁴
南　康	放□lə²⁴ 台嘞lə⁰ 上sõ⁵³！	放在 tsʻæ³³ 台嘞lə⁰ 上sõ⁵³
龙　南	放倒 tau⁵³ 台□xoŋ²²！	放在 tʻɔi²⁴ 台□xoŋ²²
寻　乌	放□ɛ⁰ 桌上 xoŋ⁵⁵！	放在 tsʻʋɐi²⁴ 桌上 xoŋ⁵⁵ □ɕie⁴²
黄　坳	放下 xa⁰ 桌上 soŋ⁵³ 去 kʻi⁵³！	放下 xa⁰ 桌上 soŋ⁵³
铜　鼓	放在 tsʻɔi⁵¹ 桌子上 soŋ⁵¹！	放在 tsʻɔi⁵¹ 桌子上 soŋ⁵¹！
大　溪	俾 pian⁵² 到 tau⁰ 桌上 soŋ⁵¹！	俾 pian⁵² 得 tɛʔ⁰ 桌上 soŋ⁵¹
太　源	放 pioŋ⁴⁴ 台喃 tɛ⁰ 啊 a⁰！	放 pioŋ⁴⁴ 台喃 tɛ⁰ 啊 a⁰
九　江	放倒 tau²¹³ 桌子高头 kau³¹tʻəu⁰！	放倒 tau²¹³ 桌子高头 kau³¹tʻəu⁰
赣　州	放到 tɔ²¹² 台子上 sãn²¹²！	放到 tɔ²¹² 台子上 sãn²¹²
白　槎	放到 tau⁰ 桌子上 saŋ³¹²！	放到 tau⁰ 桌子上 saŋ³¹² 去 tʂʻʅ³¹²
浮　梁	放到 tau⁰ 台高 kau⁵⁵ □tau⁰！	放到 tau⁰ 台高 kau⁵⁵ □tau⁰
婺　源	囥 kʻã³⁵ 到 tɔ⁰ 桌上ɕiã⁰ 去 tɕʻie³⁵！	囥 kʻã³⁵ 到 tɔ⁰ 桌上ɕiã⁰
上　饶	□ga²¹ 得 tɹʔ⁵ 人盘上 sãn⁰！	□ga²¹ 得 tɹʔ⁵ 人盘上 sãn⁰
广　丰	□gɑ²¹ 得 tɹʔ⁵ 大盘里 li⁰！	□gɑ²¹ 得 tɹʔ⁵ 大盘（里 li⁰）
铜　山	□ke²¹□kə⁰ 大桌□təʔ⁰！	□ke²¹□kə⁰ 大桌□təʔ⁰

	21	22
	（这支笔）送给你（。）	（捐款）寄到灾区去（。）
南 昌	送得 tɛt⁵ 尔	寄得 tet⁵ 到（tau⁴⁵）灾区去 tɕ'ie²¹³
修 水	拿到 tau⁵⁵ 尔	寄到 tau⁵⁵ 灾区去 tɕ'ie³⁵
湖 口	送到 tau⁴⁵⁵ 尔侬	寄到 tau⁴⁵⁵ 灾区去 dzi²¹³
鄱 阳	送到 tə⁴⁴ 把 pɒ⁴² 你	寄得 tə⁴⁴ 灾区去 tɕ'ie³⁵
铅 山	送把 pa⁴⁵ 尔哩	寄得 tɛʔ⁵ 灾区去 k'ɯ²¹
抚 州	送摆 p'ai²⁴ 你	寄到 tau⁴¹ 灾区去 tɕ'ie⁴¹/得 tɛʔ² 去 tɕ'ie⁴¹ 灾区
资 溪	送摆 pai³⁵ 你	寄到 tau⁵³ 灾区去 k'ɛ⁵³
宜 黄	送摆 pai⁴⁵³ 你	寄到 tɔu⁴² 灾区去 tɕ'ie⁴²/去 tɕ'ie⁴² 灾区
丰 城	送摆 pai⁴¹ 得 tɛʔ³² 到 tau²¹³ 你	寄到 tau⁰ 灾区去 tɕ'ie²¹³
高 安	送得 tɛt⁵ 你	寄到 tau⁴⁴ 灾区去 xie⁴⁴
新 余	送得 tɛʔ⁵ 你	寄得 tɛʔ⁵ 灾区去 tɕ'ie⁴²
吉 安	送得 tɛ³³⁴ 你	寄到 tau²¹ 灾区去 tɕ'ie²¹⁴
遂 川	送把 pa³¹ 你	寄到 tɔ⁵⁵ 灾区去ɕi⁵⁵
宁 都	送笭 tən²¹⁴/跟 kən⁴² 你	寄到 tau³¹ 灾区去 tɕ'ie³¹
瑞 金	送□ten⁴² 你	寄得 tɛʔ² 灾区去 ɕiu⁴⁴
于 都	送得 tɛʔ⁵ 你	寄到 tɔ³²³ 灾区去 ɕi ɣ³²³
赣 县	送得 tɛʔ³² 你	寄到 tɔ⁴⁴ 灾区去ɕi⁴⁴
南 康	送（把 pa²¹）拿 na³³ 你	寄到 tɔ⁵³ 灾区去 tɕ'i⁵³
龙 南	送得 tæʔ⁴³ □nain²⁴ 你	寄倒 tau⁵³ 灾区去 ɕi⁴⁴
寻 乌	送□kui⁵⁵ 你	寄到 tau⁵⁵ 灾区去 k'i⁵⁵
黄 坳	送分 puən²⁴ 你	寄到 tau⁵³ 灾区去 k'i⁵³
铜 鼓	送得 tɛk³ 你	寄到 tau⁵¹ 灾区去ɕi⁵¹
大 溪	送得 tɛʔ⁴⁵ 尔	寄得 tɛʔ⁴⁵ 灾区去 k'ɛ⁵²
太 源	送分 pun⁴⁴ 你	寄分 pun⁴⁴ 灾区去ɕiu⁴⁴
九 江	送给 kei²¹³ 尔	寄到 tau²¹ 灾区去 tɕ'i²¹
赣 州	送得 tæ⁰ 你	寄到 tɔ²¹ 灾区去 tɕ'y²¹²
白 槎	送给 kei³¹² 你	寄到 tau³¹² 灾区去 tʂʅ³¹²
浮 梁	送拨 pa²¹³ 尔□na⁰	寄到 tau²¹³ 灾区去 tɕ'i²¹³
婺 源	送给 kɔ⁵¹ 尔	寄得 tɔ⁵¹ 灾区去 tɕ'ie³⁵
上 饶	送得 tɿʔ⁵ 尔人	寄得 tɿʔ⁵ 灾区去 k'ɔ⁰
广 丰	送得 tɿʔ⁵ 尔	寄得 tɿʔ⁵ 灾区去 k'ɣ⁰
铜 山	送互 xɔ²¹ 汝	寄□kə⁰ 灾区去 k'ɯ²¹

还有十里路（，歇会儿再走）。剩一里路了（，快到了。）

南 昌	还 xai²⁴ 有 iu²¹³ 十里路。賸 iaŋ²¹ 一里路了 lɛu⁰
修 水	还 xai²⁴ 有 iu²¹ 十里路。賸 iaŋ²² 到 tau⁵⁵ 一里路了 tau⁰
湖 口	还 xai²¹¹ 有 iɛu³⁴³ 十里路。賸 iaŋ²¹³ 一里路嘞 lɛ⁰
鄱 阳	还 xai²⁴ 有 iəu⁴² 十里子路。賸 in²¹ 得 tə⁰ 里把子路咧 lie⁰
铅 山	还 xai²⁴ 有 iu⁴⁵ 十里路凑 tɕ‘iu²¹。多 to⁴⁴ 一里路去 k‘ɯ²¹ 唠 lau⁰
抚 州	还 xai²⁴ 有 iu⁴⁵ 十里路。賸 in²¹² 一里路哩 li⁰
资 溪	还 xai¹³ 有 iu³⁵ 十里路。賸 iŋ²² 一里路 liau⁰
宜 黄	□ŋaʔ⁵ 有 iu⁴⁵³ 十里路。賸 in²² 一里路诶 ɛ⁰
丰 城	还 xai³³ 有 iu⁴¹ 十里路。剩 sɛn²¹³/差 ts‘a³⁵ 一里路哩 li⁰
高 安	还 xai²¹³ 有 iu⁴² 十里路。賸 iaŋ²¹³ 得 tɛt⁵ 一里路
新 余	还 xai⁴² 有 iu²¹³ 十里路。賸 iaŋ¹² 一里路哩 li⁰
吉 安	还 xai²¹ 有 iu⁵³ 十里路。还 xai²¹ 有 iu⁵³ 一里路哩 li⁰
遂 川	还 xai²² 有 iə³¹ 十里路呢 nɛ⁰。就 tɕ‘iu²¹⁴ 还xai²² 一里路矣 i⁰
宁 都	还 xai¹³ 有 iəu⁴² 十里路。□ts‘ɔŋ³¹ 一里路欸 ɛ⁰
瑞 金	还 xɛ³⁵ 有 iu⁴⁴ 十里路。总 tsʅŋ²¹² 有 iu⁴⁴ 一里路咻 ɕiu⁴⁴
于 都	还 xæ⁴⁴ 有 ieu³¹ 十里路。賸 iã⁴² 一里路□ieu⁰
赣 县	还 xæ²¹² 有 iu²⁴ 十里路。差 ts‘a²⁴ 一里路了 liɔ⁰
南 康	还 xæ¹¹ 有 iu²¹ 十里路。賸 iã⁵³ 一里路了 lə⁰
龙 南	还 xain³¹² 有 ieu²⁴ 十里路。剩 sen⁴⁴ 下 xa²² 一里路□ɕiɔŋ⁰
寻 乌	还 xai²¹⁴ 有 iu²⁴ 十里路。剩下 ɕin⁵⁵ xa²¹⁴ 一里路嘞 le⁰
黄 坳	□ŋ‘⁵³ 到 tau⁵³ 十里路。□ŋ‘⁵³ 到 tau⁵³ 一里路咯 lɔ⁰
铜 鼓	还 xai¹³ 有 iu²¹ 十里路。賸 iaŋ¹³ 到 tau⁵¹ 一里路哩 li⁰
大 溪	还 ɛʔ⁵ 有 iu⁴³³ 十里路。多 to⁴⁴ 一里路嘞 lɛ⁰
太 源	还 xan²¹² 荷 xo⁴⁴ 十里路。□naʔ² 荷 xo⁴⁴ 一里路啊 a⁰
九 江	还 xai⁴⁴ 有 iəu²¹³ 十里路。剩ʂən²¹ 一里路咯 lo⁰
赣 州	还 xæ⁴² 有 iu⁴⁵ 十里路。剩 səŋ²¹² 唠 lɔ⁰ 一里路唠 lɔ⁰
白 槎	还 xai⁵⁵ 有 iu²¹⁴ 十里路 。多 tuo⁴² 一里路咯 lo⁰
浮 梁	还 xo²⁴ 有 iəu³¹ 十里路。还 xo²⁴ 賸ŋai³³ 一里路啦 la⁰
婺 源	还ɔ¹¹ 荷 xɵ⁵⁵ 十里路。賸 iɔ̃⁵¹ 一里路未 bə⁵¹ 啦 la⁰
上 饶	□ɐʔ² 有 iu²³¹ 十里路凑 tɕ‘iu⁴³⁴。多 to⁴⁴ 得 tʅʔ⁵ 一里路去 k‘ə⁴³ 唠 lou⁰
广 丰	□个 æʔ²kɣʔ⁵ 有 iu²⁴ 十里路添 t‘iẽn⁴⁴。多 to⁴⁴ 得 tʅʔ⁵ 个里路去 k‘ɣ⁴³ 啵 pɯ⁰
铜 山	□æʔ⁴ 有 u⁵⁵ 十里路添 t‘i³³。多 to³³ □tɕie²ʔ² 一里路去 k‘ɯ²¹ 咯 lə⁰

（没吃饱）再吃一碗（。）

南　昌	（再 tsai⁴⁵）喫（一）碗湊 tsʻɛu²¹³
修　水	（再 tsai⁵⁵）喫（一）碗湊 tsʻɛi³⁵
湖　口	（再 dzai²¹³）喫一碗湊 tsʻu⁴⁴⁵
鄱　阳	（再 tsai³⁵）喫一碗湊 tsʻəu³⁵
铅　山	（再 tsai²¹）喫（一）碗湊 tɕʻiu²¹
抚　州	（再 tsai⁴¹）喫（一）碗湊 tsʻɛu⁴¹
资　溪	（再 tsai⁵³）喫（一）碗湊 tʻu⁵³
宜　黄	（再 tai⁴²）喫（一）碗湊 tsʻɛu⁴²
丰　城	（再 tsei²¹³）喫一碗湊 tsʻɛu²¹³
高　安	（再 tsɔi⁴⁴）喫（一）碗湊 tsʻɛu⁴⁴
新　余	（再 tsoi⁴²）喫一碗湊 tɕʻiɛu⁴²
吉　安	（再 tsai²¹）喫一碗湊 tsʻɛu²¹⁴
遂　川	（再 tsɛ²⁵⁵）喫一碗添 tʻiẽ⁵³
宁　都	（再 tsai³¹）食一碗湊 tsʻəu³¹
瑞　金	（再 tsɛ⁴²）食（一）碗添 tʻiɛn⁴⁴
于　都	（再 tsuɛ³²³）食一碗添 tʻĩ³¹
赣　县	（再 tsæ⁴⁴）食一碗添 tʻĩ²⁴
南　康	（再 tsæ⁵³）食一碗添 tʻĩ³³
龙　南	（再 tsai⁴⁴）食一碗添 tʻiain²⁴
寻　乌	（再 tsai⁵⁵）食一碗添 tʻien²⁴
黄　坳	（再 tsai⁵³）食（一）碗添 tʻian²⁴
铜　鼓	（再 tsai⁵¹）食（一）碗湊 tsʻɛu⁵¹
大　溪	（再 tsæ⁵²）食（一）碗湊 tsʻɛ⁵²
太　源	（再 tsai⁴⁴）食（一）碗湊 tsʻəu⁴⁴
九　江	再 tsai²¹ 喫一碗
赣　州	（再 tsæ²¹²）喫一碗湊 tɕʻio²¹²
白　槎	（再 tsai³¹²）喫（一）碗湊 tsʻəu³¹²
浮　梁	（再 tsɛ²¹³）喫（一）碗添 tʻĩ⁵⁵/湊 tsʻau²¹³
婺　源	（再 tsɛ³⁵）喫（　）碗添 tʻĩ⁵⁵/湊 tsʻa³⁵
上　饶	（再 tsæ⁴³⁴）喫（一）碗湊 tɕʻiu⁴³⁴
广　丰	（再 tsɐi⁴³⁴）咥（个）碗添 tʻiẽ⁴⁴/湊 tsʻɣɯ⁴³⁴
铜　山	（再 tsai²¹）食（□tɕieʔ²）碗添 tʻĩ³³

（没画好，）重新画一张（。）

南　昌	（再 tsai^{45}）画过 kuo^{45} 一张
修　水	（再 tsai^{55}）画过 kuo^{55} 一张
湖　口	（再 dzai^{213}）画过 ku^{455} 一张
鄱　阳	（再 tsai^{35}）画过 ko^{35} 一张
铅　山	（再 tsai^{21}）画一张过 ko^{21}/过 ko^{21} 一张
抚　州	（再 tsai^{41}）画过 kuo^{41} 一张
资　溪	（再 tsai^{53}）画过 kuo^{53} 一张
宜　黄	（再 tai^{42}）画过 kuo^{42} 一张
丰　城	（再 tsei^{213}）画过 kuo^{213} 一张
高　安	（再 tsɔi^{44}）画过 kuo^{44} 一张
新　余	（再 tsoi^{42}）画过 kuo^{42} 一张
吉　安	（再 tsai^{21}）画过 kuo^{21} 一张
遂　川	（再 tsɛ^{55}）画过 ko^{55} 一张
宁　都	画过 ko^{31} 一张
瑞　金	画过 ko^{42} 一张
于　都	（再 tsuɛ^{323}）画过 kɣ^{323} 一张
赣　县	画过 kəu^{44} 一张
南　康	画过 ko^{53} 一张
龙　南	画过 kʊ^{44} 一张
寻　乌	画过 ko^{55} 一张
黄　坳	（再 tsai^{53}）画过 kɔ^{53} 一张
铜　鼓	（再 tsai^{51}）画过 kɔ^{51} 一张
大　溪	画一张过 ko^{52}/过 ko^{52} 一张
太　源	画过 ku^{44} 一张
九　江	再 tsai^{21} 画一张
赣　州	画过 ko^{212} 一张
白　槎	画过 kuo^{312} 一张
浮　梁	画过 kuo^{213} 一张
婺　源	画过 ku^{35} 一张
上　饶	画一张过 ko^{434}/过 ko^{434} 一张
广　丰	画个张过 kye^{434}/过 kye^{434} 个张
铜　山	画□tɕieʔ^2 张过 kə^{21}/过 kə^{21}□tɕieʔ^2 张

（五点了，快起床！）天亮 _{天快亮了。}
（七点了，快起床！）天亮了 _{天已经亮了（。）}

南 昌	天快 kʰuai²¹³ 光了 lɛu⁰。天光了 lɛu⁰
修 水	快 guai²³⁵ 天光□dzɛ⁰ 了 tau⁰。天光了 tau⁰
湖 口	天快 guai²¹³ 亮嘞 lɛ⁰。天亮嘞 lɛ⁰ □sɛ²¹³
鄱 阳	天快 kʰuai³⁵ 光了咧 lie⁰。天光咧 lie⁰
铅 山	（快 kʰuai²¹）天光唠 lau⁰。天光唠 lau⁰
抚 州	快 kʰuai⁴¹ 天光哩 li⁰。天哩 li⁰ 光/光哩 li⁰
资 溪	天快 kʰuai⁵³ 要 iau⁵³ 光了 tiau⁰ 咯 lo⁰。天光了 tiau⁰ 咯 lo⁰
宜 黄	天快 kʰuai⁴² 要 iɔu⁴² 光诶ɛ⁰。天光诶ɛ⁰
丰 城	天□iʔ²¹³ 得 tɛʔ⁰ 光。天光哩 li⁰
高 安	会 ɔi²² 来 lɔi²¹³ 天光。天光得 tɛt⁰
新 余	来 lai⁴² 天光嗝 kɛ⁰。天光哩 li⁰
吉 安	天光来 loi²¹ 哩 ki⁰。天光哩 li⁰
遂 川	天光来 lɛ²² 矣 i⁰。天光矣 i⁰
宁 都	（快 kʰai³¹）天光□çie³¹。天 □nə⁴² 光/光欸ɛ⁰
瑞 金	天光咻 çiu⁴⁴。天光哩 li⁴⁴
于 都	快 kʰuæ³²³ 天光□ieu⁰。天光□ieu⁰
赣 县	天（快 kʰuæ⁴⁴）光了 liɔ⁰。天了 liɔ⁰ 光/光了 liɔ⁰
南 康	天会 væ⁵³ 来 læ¹¹ 光啦 la⁰。天光啦 la⁰
龙 南	天光□çi⁰。天了 liau⁵³ 光/光了 liau⁵³
寻 乌	天会 vɐi⁵⁵ 光嘞 le⁰。天□tiʔ³⁴ 光嘞 le⁰
黄 坳	□得 y²¹²tɛt² 天光咯 lɔ⁰。天光哩 li⁰ 咯 lɔ⁰
铜 鼓	天光哩 li⁰。天哩 li⁰ 光哩 li⁰
大 溪	天光嘞 lɛ⁰。天光嘞 lɛ⁰
太 源	天皓 xau⁴⁴ 哇 ua⁰。天好 xau³²⁵ 皓 xau⁴⁴ 哇 ua⁰
九 江	快 kʰuai²¹ 天光咯 lo⁰。天光咯 lo⁰
赣 州	天亮得 tæ⁰ 来 læ⁴² 唠 lɔ⁰。天亮唠 lɔ⁰
白 槎	快 kʰuai³¹² 天光咯 lo⁰。天亮咯 lo⁰
浮 梁	天快 kʰua²¹³ □tsaŋ²¹³ 光啦 la⁰。大天光啦 la⁰
婺 源	天快 kʰɔ³⁵ 光啦 la⁰。天光之 tçi⁰ 啦 la⁰
上 饶	天（要 iɔu⁴³⁴）光唠 lɔu⁰。天光唠 lɔu⁰
广 丰	天（□得 sɑu²¹tiʔ⁰ 快）光啵 pəɯ⁰。天光啵 pəɯ⁰
铜 山	天（卜来 bo⁴⁴³lai⁰ 快）光咯 lɔ⁰。天光咯 lɔ⁰

	27 （人还没到齐，）等一会儿再说（。）	28 （上海我）去过很多次（。）
南　昌	等下子 xa²¹tsʅ⁰ 再 tsai⁴⁵ 话 ua²¹	去过 kuo⁴⁵ 好 xau²¹³ 多次
修　水	等一下子 it⁴²xa²²tsʅ⁰ 再 tsai⁵⁵ 话 ua²²	去过 kuo⁵⁵ 蛮 mən²⁴ 多次
湖　口	等下子 xa²¹³tsʅ⁰ 再 tsai²¹³ 说ɕyɛ⁴⁵⁵	去过 ko⁴⁵⁵ 好 xau³⁴³ 多回
鄱　阳	等一会会子 i⁴⁴fei²¹fei²¹tsʅ⁰ 再 tsai³⁵ 话 uɒ²¹	去过 ko³⁵ 好 xau⁴² 儿回
铅　山	等卜 xa²¹ 再 tsai²¹ 话 ua²¹	去过 ko²¹ 好 xau⁴⁵ 多回
抚　州	等一卜 it²xa²¹² 得 tɛʔ⁰ 再 tsai⁴¹ 话 ua²¹²	去过 kuo⁴¹ 好 xau⁴⁵ 多回
资　溪	等一卜 i t³xa²² 得 tsʅ⁵³ 再 tsai⁵³ 话 ua²²	去过 kuo⁵³ 好 xau³⁵ 多次
宜　黄	等一卜 it²xa²² 再 tai⁴² 话 ua²²	去过 kuo⁴² 好 xɔu⁴⁵³ 多回
丰　城	等卜 xa⁰ 再 tsei²¹³ 话 va²¹³	到过 kuo²¹³ 好 xau⁴¹ 多次
高　安	等卜 xa²² 着 tɔk² 再 tsɔi⁴⁴ 话 ua²²	去得 tɛt⁵ 好 xau⁴² 多转
新　余	等卜 xa¹² 再 tsɔi⁴² 话 ua¹²	去过 xa⁴² 好 xau²¹³ 多次
吉　安	等一下 i³³⁴xa²¹⁴ 再 tsai²¹ 话 ua²¹⁴	去过 kuo²¹ 好 xau⁵³ 多次
遂　川	等卜 xa²¹⁴ 再 tsɛ⁵⁵ 话 ua²¹⁴	去过 ko⁵⁵ 蛮 mãn²² 多次
宁　都	等一卜 it³²xa⁰ 再 tsai³¹ 话 va⁴⁴	去过 ko³¹ 蛮 man¹³ 多回
瑞　金	等卜子 xa⁵¹tsʅ⁰ 再 tsɛ⁴² 话 va⁵¹	去过 ko⁴² 蛮 man⁴² 多回
于　都	等卜子 xa⁴²tsʅ⁰ 再 tsuɛ³²³ 话 va⁴²	去了 k ɤ³²³ 蛮 mã⁴⁴ 多回
赣　县	等一卜 iɛ³²xa⁴⁴ 再 tsæ⁴⁴ 话 ua⁴⁴	去了 liɔ⁰ 蛮 mã²¹² 多回
南　康	等一刻嘞 i²⁴kʻɛ⁵⁵lə⁰ 再tsæ⁵³ 话 va⁵³	去过 ko⁵³ 蛮 mã¹¹ 多次
龙　南	等一刻嘚 ieʔ⁴³kʻeʔ⁴³tɛʔ⁰ 再 tsai⁴⁴ 讲 kɔŋ⁵³	去呀 ia⁰ 好 xau⁵³ 多次
寻　乌	等卜子 xa⁵⁵tsʅ⁰ 再 tsai⁵⁵ 讲 kɔŋ²¹	去过 ko⁵⁵ 十分 ɕiʔ³⁴fun²⁴ 多次
黄　坳	等卜子 ŋa²⁴tsʅ⁰ 做 tsɔ⁵³ 嘚 tɛ⁰	去过 kɔ⁵³ 好儿回
铜　鼓	等卜子 xa⁵¹tsʅ⁰ 再 tsai⁵¹ 讲 kɔŋ²¹	去过 ko⁵¹ 好儿道
大　溪	等一下 iʔ⁴⁵xa⁰ 再 tsæ⁴⁴ 话 ua⁴³⁵	去过 ko⁵² 好 xau⁴³³ 多次
太　源	等一阵 iʔ⁴ts'ən⁴⁴ 再 tsai⁴⁴ 讲 kɔŋ³²⁵	去过 ku⁴⁴ 好 xau³²⁵ 多回
九　江	等一下 i⁵³xɒ²¹ 再 tsai²¹ 说ʂ̩uɑi⁵³	去过 ko²¹ 好 xau²¹³ 多次
赣　州	等一卜子 iɛʔ³ɕia²¹²tsʅ⁰ 再 tsæ²¹² 讲 tɕiãn⁴⁵	去过 ko²¹² 好 xɔ⁴⁵ 多回
白　槎	等一下 i⁴²xa³¹² 再 tsai³¹² 说ʂ̩uɛ⁴²	去过 kuo³¹² 好 xau⁴² 多次
浮　梁	等一下 i²¹³xɔ⁰ 再 tsɛ²¹³ 话 uo³³	去过 kuo²¹³ 好 xau³¹ 多回
婺　源	等一下 i⁵¹xe⁰ 再 tsɛ³⁵ 来 le¹¹ 讲 kã²	去过 ku³⁵□i⁵¹□lɔ¹¹ 次
上　饶	等卜 xa⁰ 再 tsæ⁴³ 来 læ⁴²³/话 ua²¹	去过 ko⁴³ 好 xɔu⁵² 多回
广　丰	等下 xɔ⁰ 慢 mãn⁴⁴/再 tsei⁴³ 来 li²³¹	去着 dæʔ²³□ãn⁵² 多转
铜　山	等□团久 tɕieʔ²kʰiã⁵⁵ku⁴⁴³ 再 tsai⁴⁴ 来 lai²⁴	去咯 lə⁰ 好么 xo⁴⁴bəʔ⁰ 侪 tsue²¹ 过

	29 （这件事我）告诉过他（。）	30 （我）吃了饭（再去。）
南 昌	话得 tɛt⁵ 渠听过 kuo⁴⁵	喫了 lɛu⁰ 饭
修 水	话□ɕi⁵⁵ 渠听过 kuo⁵⁵	喫嘚 tɛt⁰ 饭
湖 口	说得 tɛ⁴⁵⁵ 伊听过 ku⁴⁵⁵	喫嘞 lɛ⁰
鄱 阳	跟 kən²¹ 渠话过 ko³⁵	喫了 liau⁰ 饭
铅 山	跟 ken³³ 渠哩话过 ko²¹	喫唠 lau⁰ / 吥 pɣʔ⁰ 饭
抚 州	跟 ken³² 渠话过 kuo⁴¹	喫哩 li⁰ 饭
资 溪	话过 kuo⁵³ 摆 pai³⁵ 渠听	喫了 tiau⁰ 饭
宜 黄	话摆 pai⁴⁵³ 渠听过 kuo⁴²	喫诶 ɛ⁰ /喂 tɛʔ² 饭
丰 城	跟 kiɛn³⁵ 渠话过 kuo²¹³	喫哩 li⁰ 饭
高 安	跟 kiɛn³⁵ 渠话嘚 tɛt⁰	喫嘚 tɛt⁵ 饭
新 余	话诉过 kuo⁴² 渠	喫哩 li⁰ 饭
吉 安	跟 kən³³⁴ 渠话过 kuo²¹⁴	喫哩 li⁰ 饭
遂 川	跟 kiɛ̃n⁵³ 渠话过 ko²¹⁴	喫矣 i⁰ 饭
宁 都	话□fan³¹ 欸 ɛ⁰ 渠	食欸 ɛ⁰ 饭
瑞 金	跟 ken⁴⁴ 渠话过 ko⁴²	食掉 tʰiɔ⁴⁴ 饭
于 都	话□fã⁴² 过 kɣ³²³ 渠	食哩 li⁰/了 liɔ³⁵ 饭
赣 县	话过 kəu⁴⁴ 渠听	食了 liɔ⁰ 饭
南 康	话过 ko⁵³ 渠听	食啦 la⁰ 饭
龙 南	话□fan⁵³ 了 liau⁵³ 渠听	食了 liau⁵³ 饭
寻 乌	话过 ko⁵⁵ 渠听	食嘞 le⁰ 饭
黄 坳	话过 kɔ⁵³ 渠听	食嘞 lɛ⁰ 饭
铜 鼓	话过 kɔ⁵¹ 渠听	食哩 li⁰ 饭
大 溪	跟 kɪn³³ 渠话过 ko⁵²	食哩 li⁰ 饭
太 源	讲先 san⁴⁴ 过 ku⁴⁴ 渠	食欸 ɛ⁰ 饭
九 江	跟 kən³¹ 渠说过 ko²¹	喫咯 lo⁰ 饭
赣 州	跟 kəŋ³³ 他讲过 ko²¹²	喫唠 lɔ⁴⁵ 饭
白 槎	跟 kən⁴² 他说 ʂʯ⁴² 过 kuo³¹²	喫咯 lo⁰ 饭
浮 梁	跟 ken⁵⁵ 渠话过 kuo²¹³	喫嘀 ti⁰ 饭
婺 源	□xã⁵⁵ 渠讲过之 tɕi⁰ 啦 la⁰	喫之 tɕi⁰ 饭
上 饶	跟 kĩn⁴⁴ 渠话过 ko⁴³⁴	喫吥 puʔ⁰ 饭
广 丰	跟 kæ̃n⁴⁴ 渠话着 dæʔ²³	咥 tiɛ⁵ 唔 m̩⁰ 饭
铜 山	甲 kæʔ⁴ 伊咀 tã²¹ 着 tiɔ⁰	食 tɕiæʔ² 咯 lɔ⁰ 糜 mai³³

	31 （他）来了三天了（。）	32 拆了（旧房子建新房子。）
南　昌	米了 lɛu⁰三日了 lɛu⁰	拆吥 pit⁵ 了 lɛu⁰
修　水	来嘚 tɛt⁰ 三日了 tau⁰	拆刮 kuæt⁴² 了 tau⁰
湖　口	来嘞 lɛ⁰ 三日嘞 lɛ⁰	拆嘞 lɛ⁰
鄱　阳	到了 liau⁰ 三日咧 lie⁰	拆吥 pə⁴⁴ 了 lə⁰
铅　山	来唠 lau⁰ 三日唠 lau⁰	拆吥 pɤʔ⁰
抚　州	来哩 li⁰ 三日哩 li⁰	拆咧 tiɛ⁰
资　溪	来了 tiau⁰ 三日了 tiau⁰	拆了 tiau⁰
宜　黄	来诶 ɛ⁰ 得 tɛʔ² 二日诶 ɛ⁰	拆嘚 tɛʔ²
丰　城	来哩 li⁰ 三日哩 li⁰	拆落 lɔʔ⁵ 哩 li⁰
高　安	来嘚 tɛt⁵ 三日咯 lo⁰	拆泼 pʻɛt⁵
新　余	来哩 li⁰ 三天	拆泼 pʻəʔ⁵ 哩 li⁰
吉　安	来哩 li⁰ 三日哩 li⁰	拆泼 pʻɵ³³⁴ 哩 li⁰
遂　川	来矣 i⁰ 三工矣 i⁰	拆嘎 ka⁵⁵ 矣 i⁰
宁　都	来欸 ɛ⁰ 三工□ɕiɛ⁰	拆掉 tʻiau³¹
瑞　金	来哩 li⁴⁴ 三工咻 ɕiu⁴⁴	拆掉 tʻiɔ⁴⁴
于　都	来哩 li⁰ 三工□ieu⁰	拆了 liɔ³⁵
赣　县	来了 liɔ⁰ 三工了 liɔ⁰	拆了 liɔ⁵³
南　康	来啦 la⁰/嘞 lə⁰ 三工啦 la⁰	拆了 liɔ²¹
龙　南	米呀 ia⁴⁴ 三工□ɕi⁰	拆了 liau⁵³
寻　乌	来嘞 le⁰ 三工□tɕie⁰/嘞 le⁰	拆了 liau⁴²
黄　坳	米嘞 lɛ⁰ 三工咯 lɔ⁰	拆咯 lɔ⁰
铜　鼓	来哩 li⁰ 三日哩 li⁰	拆脱 tʻɛk⁵ 哩 li⁰
大　溪	来哩 li⁰ 三日嘞 lɛ⁰	拆哩 li⁰
太　源	来啊 a⁰ 三日欸 ɛ⁰	拆欸 ɛ⁰/啊 a⁰
九　江	来咯 lo⁰ 三天咯 lo⁰	拆咯 lo⁰
赣　州	来唠 lɔ⁰ 三天唠 lɔ⁰	拆掉 tiɔ²¹² 唠 lɔ⁰
白　槎	来咯 lo⁰ 三天咯 lo⁰	拆咯 tsʻɛ⁴² lo⁰
浮　梁	来嘀 ti⁰ 三日啦 la⁰	拆嘀 ti⁰
婺　源	来之 tɕi⁰ 三日啦 la⁰	拆之 tɕi⁰ 啦 la⁰
上　饶	来吥 puʔ⁰ 三日唠 lou⁰	拆吥 puʔ⁰
广　丰	来姆 m̩⁰ 三日啵 pəu⁰	拆姆 m̩⁰
铜　山	来咯 lə⁰ 三工咯 lə⁰	拆咯 lə⁰

（车票我）买好了，（你）不用买了（。）

南 昌	买正 tsaŋ⁴⁵ 了 lɛu⁰，不要 pit⁵iɛu⁴⁵ 买了 lɛu⁰
修 水	买正 taŋ⁵⁵ 了 tau⁰，不要 pət⁴²iau⁵⁵ 买了 tau⁰
湖 口	买好 xau³⁴³ 嘞 lɛ⁰，不要 piau⁴⁵⁵ 买嘞 lɛ⁰
鄱 阳	买好 xau⁴² 咧 lie⁰，不要 pə⁴⁴iau³⁵ 买咧 lie⁰
铅 山	买起 tɕi⁰ 唠 lau⁰，不要得 piau²¹teʔ⁴ 买唠 lau⁰
抚 州	买好 xau⁴⁵ 哩 li⁰，不要 put²iau⁴¹ 买哩 li⁰
资 溪	买好 xau³⁵ 了 tiau⁰，不要 pit³iau⁵³ 买了 tiau⁰
宜 黄	买正 taŋ⁴² 诶 ɛ⁰，不要 put²iau⁴² 买嗰 teʔ²
丰 城	买好 xau⁴¹ 哩 li⁰，不要 piʔ³²iɛu²¹³ 买哩 li⁰
高 安	打好 xau⁴² 嗰 tɛt⁰，不 pit⁵着 tɔk⁵ 买嗰 tɛt⁰
新 余	买正 taŋ⁴² 哩 li⁰，不 pəʔ⁵着 tʰoʔ³⁴ 买哩 li⁰
吉 安	买正 tsaŋ⁴² 哩 li⁰，不 pu³³⁴用 iuŋ²¹⁴ 买哩 li⁰
遂 川	买正 tsã⁵⁵ 矣 i⁰，唔ŋ̩²²要 iŋ⁵⁵ 买矣 i⁰
宁 都	买正 tsaŋ³¹ 欷ɛ⁰，唔□ŋ̩¹³nau³¹ 买□ɕiɛ⁰
瑞 金	买正 tsaŋ⁴² 哩 li⁴⁴，唔要n̩iɔ⁴² 买咻 ɕiu⁴⁴
于 都	买正 tsã³²³ 哩 li⁰，唔ŋ̩⁴⁴争 tsã³¹ 买□iɛu⁰
赣 县	买好 xɔ⁵³ 了 liɔ⁰，唔ŋ̩²¹²争 tsã²⁴ 买了 liɔ⁰
南 康	买好 xɔ²¹ 了 liɔ⁰，唔ŋ̩¹¹争tsã²⁴ 买啦 la⁰
龙 南	买好 xau⁵³ 了 liau⁵³，唔 m̩³¹²□sɿ²² 买□ɕi⁰
寻 乌	买好 xau⁴² 嘞 lɛ⁰，唔 ŋ̩²¹⁴□sɿ⁵⁵ 买嘞 lɛ⁰
黄 坳	买起 kʰi³¹ 咯 lɔ⁰，唔爱 m̩²¹²ɔi⁵³ 买嘞 lɛ⁰
铜 鼓	买正 tsaŋ⁵¹ 哩 li⁰，唔爱ŋ̩¹³ɔi⁵³ 买哩 li⁰
大 溪	买好 xau⁴³³ 嘞 lɛ⁰，省得 san⁴³³tɛʔ⁰ 买嘞 lɛ⁰
太 源	买好 xau³²⁵ 哇 ua⁰，唔使 m̩²¹²sɔi⁰ 买呀 ia⁰
九 江	买好 xau²¹³ 咯 lo⁰，不 pu⁵³用 ioŋ 买咯 lo⁰
赣 州	买好 xɔ⁴⁵ 唠 lɔ⁰，不消 pɣʔ³ɕiɔ³³ 买唠 lɔ⁰
白 槎	买好 xau²¹⁴ 咯 lo⁰，不要 pu⁴²iau³¹² 买咯 lo⁰
浮 梁	买好嘀 ti⁰，不要 piau²¹³ 买嘀 ti⁰
婺 源	买好之 tɕi⁰ 啦 la⁰，不要 piɔ³⁵ 买啦 la⁰
上 饶	买起 tɕi⁰ 唠 lɯu⁰，不要得 piɔu⁴³tɿʔ⁵ 买唠 lɯu⁰
广 丰	买起 xi⁰ 啵 pɯu⁰，弗□得 fɣʔ²sɑu²⁴tɿʔ⁵ 买啵 pɯu⁰
铜 山	买起 kʰi⁴⁴³ 咯 lə⁰，免 mian⁴⁴³ 买咯 lə⁰

34

（鞋子）破了。（钱）用完了（。）

南 昌	破 pʻo²¹³ 坏 pit⁵ 了 lɛu⁰。用 iuŋ²¹（完 uon⁴⁵）坏 pit⁵ 了 lɛu⁰
修 水	破 bo³⁵ 刮 kuæt⁴² 了 tau⁰。用 iəŋ²² 完 uon²⁴ 了 tau⁰
湖 口	破 bo⁴⁵⁵ 嘚 lɛ⁰ 哇 ua⁴²。用 ioŋ²¹³ 了 liau³⁴³ 嘚 lɛ⁰
鄱 阳	破 pʻo³⁵ 唎 lie⁰。用 yəŋ²¹ 坏 pə⁴⁴ 唎 lie⁰
铅 山	破 pʻo²¹ 坏 pɣʔ⁴ 唠 lau⁰。用 ioŋ²¹ 光 kon³³ 坏 pɣʔ⁴ 唠 lau⁰
抚 州	破 pʻo⁴¹ 唎 tiɛ⁰。用 iuŋ²¹² 完 uon²⁴ 唎 tiɛ⁰
资 溪	破 pʻo⁵³ 了 tiau⁰。用 iuŋ²² 完 iɛn¹³ 了 tiau⁰
宜 黄	破 pʻo⁴² 嘚 tɛʔ²。用 ioŋ¹³ 完 uon⁴⁵ 嘚 tɛʔ²
丰 城	烂 lan²¹³ 落 lɔʔ⁵ 哩 li⁰。用 iuŋ²¹³ 光 kuoŋ³⁵ 哩 li⁰
高 安	烂 lan²² 嘚 tɛt⁵。用 iuŋ²² 光 kuoŋ³⁵ 嘚 tɛt⁵
新 余	烂 lan¹² 泼 pʻəʔ⁵ 哩 li⁰。用 iuŋ¹² 光 kuoŋ⁴⁵ 哩 li⁰
吉 安	烂 lan²¹⁴ 泼 pʻɵ³³⁴ 哩 li⁰。用 iuŋ²¹⁴ 完 uan²¹ 哩 li⁰
遂 川	烂 lãn²¹⁴ 嘎 ka⁵⁵ 矣 i⁰。用 iɔ̃ŋ²¹⁴ 完 uãn²² 矣 i⁰
宁 都	烂 lan⁴⁴ 掉 tʻiau³¹。用 iuŋ⁴⁴ 光 kɔŋ⁴² 欻 ɕɛ⁰
瑞 金	烂 lan⁵¹ 掉 tʻiɔ⁴⁴。用 ivŋ⁵¹ □tɕʻie³⁵ 哩 li⁴⁴
于 都	烂 lã⁴² 了 liɔ³⁵ 哩 li⁰。花 fa³¹ 了 liɔ³⁵ 哩 li⁰
赣 县	烂 lã⁴⁴ 了 liɔ⁵³ 了 liɔ⁰。用 iəŋ⁴⁴ 了 liɔ⁵³ 了 liɔ⁰
南 康	烂 lã⁵³ 了 liɔ²¹ 啦 la⁰。用 iəŋ⁵³ 完 vã¹¹ 啦 la⁰
龙 南	烂 lain²² 了 liau⁵³。用 iəŋ²² 完 vain³¹² 了 lian⁵³
寻 乌	烂 了 liau⁴² 嘚 le⁰。用 iuŋ⁵⁵ 完 van²¹⁴ 嘚 le⁰
黄 坳	烂 lan⁵³ 哩 li⁰。用 iuŋ⁵³ □tsʻɛ²¹² 哩 li⁰
铜 鼓	烂 lan⁵¹ 脱 tʻɛk⁵ 哩 li⁰。用 iəŋ⁵¹ 光 kɔŋ²¹⁴ 哩 li⁰
大 溪	烂 lan⁴³⁵ 哩 li⁰ 嘚 lɛ⁰。用 iəŋ⁴³⁵ 哩 li⁰ 嘚 lɛ⁰
太 源	烂 lan⁴² 耗 xau⁴⁴ 哇 ua⁰。使 sɔi³²⁵ □lau²¹² 哇 ua⁰
九 江	破 pʻo²¹ 咯 lo⁰。用 ioŋ²¹ 了 liau²¹³ 咯 lo⁰
赣 州	烂 lãn²¹² 掉 tiɔ²¹² 唠 lɔ⁰。用 iəŋ²¹² 掉 tiɔ²¹² 唠 lɔ⁰
白 槎	破 pʻo³¹² 咯 lo⁰。用 ʮəŋ³¹² 完 uan⁵⁵ 咯 lo⁰
浮 梁	破 pʻo²¹³ 嘀 ti⁰。用 ioŋ³³ 完 ŋo²⁴ 嘀 ti⁰
婺 源	破 pʻɵ³⁵ 之 tɕi⁰ 啦 la⁰。用 iɛm⁵¹ 光 kuã⁵⁵ 之 tɕi⁰ 啦 la⁰
上 饶	破 pʻo⁴³⁴ 坏 puʔ⁰ 唠 lɔu⁰。用 yoŋ²¹² 坏 puʔ⁰ 唠 lɔu⁰
广 丰	破 pʻai⁵² 啵 pəɯ⁰。使 se⁵² 完 yẽn²³¹ 啵 pəɯ⁰
铜 山	破 pʻai⁴⁴³ 了 liau⁴⁴³ 咯 lə⁰。用 ien²¹ 了 liau⁴⁴³ 咯 lə⁰

35

(他) **正在和**客人说话(，别喊他。)

南 昌	在 tsʻɨi^{21} 跟 kiɛn^{42} 客话事
修 水	在 dzɛi^{22} 跟 kiɛn^{34} 客话事
湖 口	正在 tʂən^{213}dzai^{213} 跟 kən^{42} 客人说话□ʂɛ^{213}
鄱 阳	在 tsʻai^{21} 跟 kən^{21} 客话事
铅 山	在 tsʻai^{3}（唔里ŋ̍^{21}li^{0} 那里/这里 tsɛ^{21}li^{0}）跟 ken^{33} 客话事
抚 州	在 tsʻai^{32} 跟 kɛn^{32} 客话事
资 溪	在 tʻai^{31} 跟 kɛn^{31} 客人话事
宜 黄	在 tsʻɛi^{33} 跟 kɛn^{33} 客话事
丰 城	来 lei^{33} 跟 kiɛn^{35} 客话事
高 安	在 tʻɔi^{22} 跟 kiɛn^{35} 客话事
新 余	在 tsʻoi^{12} 跟 kiɛn^{45} 客话事
吉 安	在 tsʻoi^{214} 跟 kiɛn^{334} 客话事
遂 川	在 tsʻɛ^{35} 跟 kiɛ̃n^{53} 客话事
宁 都	□xɛi^{44} 该 kɛi^{42} 跟 kən^{42} 客人话事
瑞 金	□eʔ^{4} 该 kiɛ^{212}□kan^{42} 客话事
于 都	在 tsʻuɛ^{31} 跟 kẽ^{31} 客人话稳 vẽ^{35}/紧 tɕiẽ^{35} 事
赣 县	在 tsʻue^{24} 摎 lɔ^{24} 客人话事
南 康	在 tsʻæ^{33} 同 tʻəŋ^{11}/摎 lɔ^{24} 客人话事
龙 南	将好嘚 tɕiɔŋ^{24}xau^{53}teʔ^{0} 摎 lau^{24} 客人讲事
寻 乌	在 tsʻuɐi^{55}□拨 ai^{42}pɔʔ^{21} 同客人讲话
黄 坳	在 tsʻɔi^{24} 摎 lau^{212} 客话事
铜 鼓	在 tsʻɔi^{51} 同 tʻəŋ^{13} 客人讲事
大 溪	在 tsʻæ^{33} 跟 kɪn^{33} 客话事
太 源	在 tsʻuɔi^{44} 摎 ləu^{212} 客讲话
九 江	在 tsai^{21} 跟 kən^{31} 客人说话
赣 州	在 tsæ^{212} 跟 kəŋ^{33} 客人讲话
白 槎	在 tsai^{312} 跟 kən^{42} 客人说话
浮 梁	正 tsai^{213}□fo^{0} 跟 kɛn^{55} 客人话事儿
婺 源	正 tsã^{35} 个落 ke^{35}lɔ^{51} 那里□xã^{55} 客人讲话
上 饶	在 dzæ^{231}（□里 muʔ^{5}li^{0} 那里）跟 kĩn^{44} 客话事
广 丰	正得 tsĩn^{43}tɪʔ^{5}（□搭 xɤʔ^{5}tæʔ^{0} 那里/□来 xɤʔ^{5}lɐi^{44} 这里）跟 kæ̃n^{44} 客话事
铜 山	□许 tɯ^{33}xə^{21} 在那里甲 kæʔ^{4} 人客呾 tã^{55} 话

36

（她）说着说着就哭起来了（。）

南　昌	话嘚 tɛt⁵ 话嘚 tɛt⁵ 就 tɕʻiu²¹ 哭起来 tɕʻi²¹³lii⁴⁵ 了 lɛu⁰
修　水	话呀 ia⁰ 话就 dʑiu²² 哭起来 tɕʻi²¹lɛi²⁴ 了 tau⁰
湖　口	说说哭起来 dʑi³⁴³lai²¹ 嘞 lɛ⁰
鄱　阳	话下子 xɒ²¹tsŋ⁰ 话下子 xɒ²¹tsŋ⁰ 就 tɕʻiəu²¹ 哭起来 tɕʻi⁴²lai²⁴ 咧 lie⁰
铅　山	话话下 xa²¹ 就 tɕʻiu²¹ 哭起 tɕʻi⁰ 唠 lau⁰
抚　州	话呀 ia⁰ 话就 tɕʻiu²¹² 哭起来 tɕʻi⁴⁵lɔi²⁴ 哩 li⁰
资　溪	话呀 ia⁰ 话就 tɕʻiu²² 哭起来 tɕʻi³⁵lɔi¹³ 了 tiau⁰
宜　黄	边 piɛn³³ 话边 piɛn³³ 话就 tɕʻiu²² 哭起来 tɕʻi⁴⁵³lɛ⁴⁵ 欸 ɛ⁰
丰　城	话啦话哩 ua²⁴la⁰ua²⁴li⁰ 就 tɕʻiu²¹³ 哭起来 tɕʻi⁴¹lei³³ 哩 li⁰
高　安	话正 taŋ⁴⁴ 嘚 tɛt⁵ 哭起来 tɕʻi⁴²lɔi²¹³ 嘚 tɛt⁰
新　余	话□tsŋ⁴² 话□tsŋ⁴² 哭起来 tɕʻi²¹³lai⁴² 哩 li⁰
吉　安	边 piɛn³³⁴ 话边 piɛn³³⁴ 话就 tɕʻiu²¹⁴ 哭起来 tɕʻi⁵³lɔi²¹ 哩 li⁰
遂　川	边 piɛ̃n⁵³ 话边 piɛ̃n⁵³ 话就 tɕʻiu²¹⁴ 叫起来 ɕi³¹lɛ²² 矣 i⁰
宁　都	话话话 va⁴⁴va⁴⁴va⁴⁴ 就 tsʻu⁴⁴ □vau²¹⁴ 来 xɔŋ⁴⁴lɛi¹³ 欸 ɛ⁰
瑞　金	话稳 vin²¹² 话稳 vin²¹² □tʻu⁵¹ 叫□来 xɔŋ⁴²luɛ³⁵ 哩 li⁴⁴
于　都	话稳 ṽɛ³⁵/紧 tɕiɛ̃³⁵ 话稳 ṽɛ³⁵/紧 tɕiɛ̃³⁵ 就 tsʻiu⁴² 叫起来 ɕi³⁵luɛ⁴⁴ 哩 li⁰
赣　县	话稳 uəŋ⁵³ 话稳 uəŋ⁵³ 就 tɕʻiu⁴⁴ 叫起 ɕi⁵³ 了 liɔ⁰ 嘞 lei⁰
南　康	话稳 ṽɛ²¹ 话稳 ṽɛ²¹ 就 tɕʻiu⁵³ 叫起来 ɕi²¹lɛ¹¹ 啦 la⁰
龙　南	讲紧 tɕin⁵³ 讲紧 tɕin⁵³ 就 tɕʻiɛu²² 叫起米 ɕi²¹lɔi³¹² 了 liau⁵³
寻　乌	讲稳 vun⁴² 讲稳 vun⁴² 就 tɕʻiu⁵⁵ 叫起来 ɕi⁴²luɐi²¹⁴ 欸 e²⁴
黄　坳	话嘚 tɛt⁰ 话嘚 tɛt⁰ 就 tɕʻiu⁵³ 叫起 kʻi³¹lɔi²¹² 哩 li⁰
铜　鼓	讲稳 vən²¹ 讲稳 vən²¹ 叫起来 tɕʻi²¹lɔi¹³ 哩 li⁰
大　溪	话卜 xa³³ 话卜 xa³³ 就 tɕʻiu⁴³ □o⁴³³ 起来 tɕʻi⁴³³lɛ²¹³ 嘞 lɛ⁰
太　源	讲啊 a⁰ 讲啊 a⁰ 就 tɕʻiu⁴² 叫 tɕiəu⁴⁴ 起来 ɕi³²⁵luɔi²¹² 呀 ia⁰
九　江	说到 tau⁰ 说到 tau⁰ 就 tɕiɐu²¹ 哭起来 tɕʻi²¹lai⁴⁴ 咯 lo⁰
赣　州	讲稳 vəŋ²¹ 讲稳 vəŋ²¹ 就 tɕʻiu²¹³ 哭起来 tɕʻi⁴⁵lɛ⁴² 唠 lɔ⁴²
白　槎	说说就 tɕiɐu³¹² 哭起来 tɕʻi²¹⁴lai⁵⁵ 咯 lo⁰
浮　梁	话话/呀 ia⁰ 话就 tɕʻiɐu³³ 哭起来 tɕʻi³¹lɛ⁰ 嘀 ti⁰
婺　源	讲啊 a⁰ 讲就 tsʻa⁵¹ 哭起来 tɕʻi³le¹¹ 啦 la⁰
上　饶	话话卜 xa²¹ 就 dʑiu²¹ 哭起来 tɕʻi⁵²lɛ⁴² 唠 lou⁰
广　丰	话话卜 xo⁵² 是 dʑiʔ² 啼起 xiʔ⁰ 啵 pɒu⁰
铜　山	呾呾 ta⁵⁵tã²¹ 一下 tɕie⁰ 就 tɕiu²¹ 号起 kʻi⁴⁴³（来 lai⁰）咯 lə⁰

	37	38
	下着雨（，没法去。）	（再）这样累下去（会生病的。）
南昌	在 tsʰɨi²¹ 落雨	个样 ko²¹³iɔŋ⁰ 累下去 xa²¹tɕʰie⁰
修水	在 dzɛi²² 落雨	□样 kɔŋ²¹iɔŋ⁵⁵ 累下去 xa²²dziɛ³⁵
湖口	在 dzai²¹³ 落雨	伊样 i⁴²iɔŋ²¹³ 累下去 xa²¹³dzi²¹³
鄱阳	在 tsʰai²¹ 个里 ko²¹li⁰ 落雨	个样 ko²¹iɐn²¹ 个 ko⁰ 累下去 xɒ²¹tɕʰie³⁵
铅山	落到 tau²¹ 雨	这样 tɕian²¹ 累下去 xa³³kʰɯ²¹
抚州	在 tsʰai³² 落雨	□样 kon³²lɔn²¹² 累下去 xa²¹²tɕʰie⁴¹
资溪	在 tʰai²² 落雨	该样 koi³¹iɔŋ²² 累下去 xa²²kʰɛ⁵³
宜黄	在 tʰɛi³³ 落雨	□样 kɛn⁴⁵iɔŋ³³ 累下去 xa²²tɕʰie⁴²
丰城	米 lei³³ 落雨	□ken³⁵tɕi 个 ko⁰ 累下去 xa²¹³tɕʰie²¹³
高安	米 lai²¹³ 落雨	该个 kɔi⁵ko⁰ 累落去 lɔk⁵xie⁴⁴
新余	在 tsʰoi¹² 落雨	该样 kai⁴⁵iɔŋ⁰ 累下去 xa¹²tɕʰie⁴²
吉安	在 tsʰoi²¹⁴ 落雨	□kaŋ³³⁴ 累下去 xa²¹⁴tɕʰie²¹
遂川	在 tsʰɛ³⁵ 落雨	□kãn³⁵ 累下去 xa²¹⁴ɕi⁵⁵
宁都	□xɛi⁴⁴ 该 kɛi⁴² 落雨	□样 tin¹³iɔ⁴⁴□tsɔit³² 下去 xa⁴⁴tɕʰie³¹
瑞金	落稳 vin²¹² 雨	底般 ti²¹²puɛn³⁵ 累下去 xa⁴⁴ɕiu⁴²
于都	落稳 vẽ³⁵/紧 tɕie³⁵ 雨	□□ti ɣ⁴⁴tsɿ³²³ 累下去 xa⁴²ɕi ɣ³²³
赣县	落稳 uəŋ⁵³ 雨	□kã⁵³□tsɿ³² 累下去 xa⁴⁴ɕi⁴⁴
南康	落稳 vẽ²¹ 雨	□么 kã³³mə⁰ 累下去xa⁵³ɕi⁵³
龙南	落紧 tɕin⁵³ 雨	解样 kai²²iɔŋ²² 啊 teʔ⁰tɕʰieʔ²³ 下去 xa²²ɕi⁴⁴
寻乌	落稳 vun⁴² 雨	□nɔŋ⁵⁵ 子累下去 xa⁵⁵ɕi⁵⁵
黄坳	落□tən²¹² 水	解子 kan³¹tsɿ 累下去 xa²⁴kʰi⁵³.
铜鼓	落雨哩 li⁰	解样子 kai²¹iɔŋ⁵¹tsɿ 累下去 xa⁵¹ɕi⁵¹
大溪	落雨嘞 lɛ⁰	□□kan²¹³mɪn⁵² 累下去 xa³³kʰɛ⁰
太源	落水呀 ia⁰	该生 kai³²⁵sɛn⁴⁴ 累落去 lo²²ɕiu⁴⁴
九江	下到 tau⁰ 雨	□么 tei¹³mo⁰ 累下去 xɒ²¹tɕi²¹
赣州	在 tsæ²¹² 下雨	这样子 tɕiãn²¹²tsɿ⁰ 累得 t ɣ ʔ⁰ 下去ɕia²¹²tɕʰy²¹²
白槎	下雨咯 lo⁰	□样lɛ³¹²iaŋ³¹² 累下去ɕia³¹²tʂʰʅ³¹²
浮梁	在 tɕʰi³³ 落雨	□个 ne⁵⁵kɛ⁰ 累下去 xo³³tɕʰi⁰
婆源	落雨□ia⁰	□lu³⁵□tsɔ⁰辛苦下去 xə³¹tɕʰie³⁵
上饶	落倒 tɔu⁵² 雨	佀样ȵiãn⁵² 累下去 xa²³¹kʰə⁰
广丰	落倒 təɯ⁵² 雨	□ãn⁵² 累起 xi⁰/下去 xo²⁴kʰɣ⁰
铜山	落倒 to⁴⁴³ 雨	□响 æʔ²⁴xiũ⁴⁴³ 累落去 lo⁵⁵kʰɯ⁰

	39 （他）睡着了（。）	40 （这件事你要）记住（！）
南　昌	睏着 tsʰɔ² 了 lɛu⁰	记得 tɛt⁵
修　水	睏着 dzɔʔ³² 了 tau⁰	记得 tɛt⁴²
湖　口	睏着 dzo²¹¹ 嘞 lɛ⁰	记得 tɛ⁴⁵⁵
鄱　阳	睏着 tsʰɒ⁰ 咧 lie⁰	记得 tə⁴⁴ 嘞 lɛi
铅　山	睏着 tsʰaʔ⁴ 唠 lau⁰	记到 tau²¹
抚　州	睏着 tʰoʔ⁵ 哩 li⁰	记到 tau⁴¹
资　溪	睏着 tʰɔʔ⁵ 了 tiau⁰	记到 tau⁵³
宜　黄	睏着 tʰɔʔ⁵ 诶 ɛ⁰	记到 tau⁴²
丰　城	睏着 tʰɔʔ⁵ 哩 li⁰	记到 tau²¹³
高　安	睏着 tʰɔk³ 嘚 tɛt⁰	记到 tau⁴⁴
新　余	瞌着 tʰoʔ³⁴ 哩 li⁰	记到 tau⁴²
吉　安	睡着 tsʰo²¹⁴ 哩 li⁰	记到 tau²¹⁴
遂　川	睏着 tsʰo²¹⁴ 矣 i⁰	记到 tɒ⁵⁵
宁　都	睡着 tsʰɔk⁵ 欶 ɛ⁰	记住 tsʰu⁴⁴ 来 lɛi¹³
瑞　金	歇着 tsʰoʔ⁴ 哩 li⁴⁴	记稳 vin²¹²
于　都	歇着 tsʰ ɣ ʔ⁵⁴ □ieu⁰	记稳 ṽẽ³⁵
赣　县	歇着 tsʰoʔ⁵ 了 liɔ⁰	记倒 tɔ⁵³ 来 læ²¹²
南　康	歇着 tsʰo⁵⁵ 啦 la⁰	记到 tɔ⁵³
龙　南	歇睏 kʰuen⁴⁴ 了 liau⁵³	记倒 tau⁵³
寻　乌	睡着 tsʰɔʔ³⁴ 嘞 le⁰	记到 tau⁵⁵ 来 luei²¹⁴
黄　坳	睡着 tsʰɔk⁵ 哩 li⁰	记得 tɛt²
铜　鼓	睡到 tʰau⁵¹ 哩 li⁰	记住 tʰu⁵¹
大　溪	睡 fɛ⁵² / 眉 xuɛ⁵² 着 tsʰəʔ⁵ 嘞 lɛ⁰	记牢 lau²¹³
太　源	睏 fun⁴⁴ 着 tʃʰoʔ² 啊 a⁰	记到 tau⁴⁴
九　江	睏 kʰuən²¹ 着 tʂo⁵³ 咯 lo⁰	记到 tau²¹
赣　州	睡 suɛ²¹² 着 tsoʔ³ 唠 lɔ⁴⁵	记到 tɔ²¹² 来 læ⁴²
白　槎	睡 sei³¹² 着 tʂuo⁵⁵ 咯 lo⁰	记好 xau²¹⁴ 咯 lo⁰
浮　梁	睏着 tsʰau³³ 嘀 ti⁰	记得 tai²¹³
婆　源	睏着 tsʰɒ⁵¹ 乁诶 tɕie⁰	记着 tsʰɒ⁵¹/倒 tɔ⁵¹
上　饶	睏着 dzɛʔ²³ 唠 lou⁰	记倒 tou⁵²
广　丰	眉 xɛi⁴³ 着 dæʔ²³ 啵 pɯɯ⁰	记倒 təu⁵²
铜　山	睏去 kʰɯ²¹ 咯 lə⁰	记□tə²¹

（我）找遍了（大小书店），（都）没买着（那本书。）

南 昌	寻交 kau^{42} 了 lɛu^0，冇 mau^{21} 买到 tau^{45}
修 水	寻交 kau^{42} 了 tau^0，冇 mau^{22} 买到 tau^{55}
湖 口	寻交 kau^{42} 嘞 lɛ^0，冇 mau^{211} 买到 tau^{455}
鄱 阳	寻交 kau^{21} 了 liau^0，冇 mau^{24} 买到 tau^0
铅 山	寻交 kau^{33} 唠 lau^0，无 mu^{24} 买到 tau^{21}
抚 州	寻交 kau^{32} 哩 li^0，冇 mau^{212} 买到 tau^{41}
资 溪	寻交 kau^{31} 了 tiau^0，冇 mau^{13} 买到 tau^{53}
宜 黄	寻交 kau^{33} 诶 ɛ^0，冇 mɔu^{45} 买到 tɔu^{42}
丰 城	寻交 kau^{35} 哩 li^0，冇 mau^{33} 买到 tau^{213}
高 安	寻交 kau^{35} 嘚 tɛt^0，冇 mau^{213} 买到 tau^{44}
新 余	寻交 kau^{45} 哩 li^0，冇 mau^{42} 买到 tau^{42}
吉 安	寻交 kau^{334} 哩 li^0，冇 mau^{21}冇 iu^{53} 买到 tau^{21}
遂 川	寻交 kɒ^{53} 矣 i^0，冇 mɒ^{214} 买到 tɒ^{55}
宁 都	寻交 kau^{42} 欸 ɛ^0，冇 mau^{13} 买倒 tau^{214}
瑞 金	寻交 kɔ^{44} 哩 li^{44}，唔曾ŋ^{42}tʻen^{44} 买倒 tɔ^{212}
于 都	寻交 kɔ^{31} 哩 li^0，冇 mau^{44} 买到 tɔ^{323}
赣 县	寻交 kɔ^{24} 了 liɔ^0，冇 mɔ^{212} 买倒 tɔ^{53}
南 康	寻交 kɔ^{33} 了 lə^0，唔□ŋ^{11}nɛ̃^{11} 买到 tɔ^{53}
龙 南	寻交 kau^{24} 了 liau^{53}，吋曾 m̩^{312}tɕʻien^{312} 买倒 tau^{53}
寻 乌	寻交 kau^{24} 嘞 lɛ^0，唔曾ŋ^{212}tɕʻin^{212} 买到 tau^{55}
黄 坳	寻交 kau^{24} 哩 li^0，唔曾 nɛn^{212} 买到 tau^{53}
铜 鼓	寻交 kau^{214} 哩 li^0，冇 mau^{13} 买到 tau^{51}
大 溪	寻交 kau^{33} 哩 li^0，□man^{213} 买着 tsʻɐ^5
太 源	寻透 tʻɛu^{42} 哇 ua^0，未 muɔi^{42} 买到 tau^{44}
九 江	找交 kau^{31} 咯 lo^0，冇 mau^{213} 买到 tau^{21}
赣 州	找遍 pʻin^{212} 唠 lɔ^0，没有 miu^{45} 买到 tɔ^{212}
白 槎	找遍 pian^{312} 咯 lo^0，没 mei^{214} 得tɛ^0 买
浮 梁	寻交 kau^{55} 嘀 ti^0，冇 mau^{24} 买到 tau^0
婺 源	寻交 kɔ^{55} 之 tɕi^0，□pɤ^{11} 买着 tsʻɤ^{31}
上 饶	寻交 kɔu^{44} 呿 puʔ^0，吋没 m̩^{21}mɛʔ^{23} 买倒 tɔu^{52}
广 丰	□lo^{24} 交 kɑu^{44} 吋 m̩^{0}，无 mɤʔ^2 买倒 tɐu^{52}
铜 山	□tsʻə^{21} 交 kau^{33} 咯 lə^0，无 bɔ^{21} 买倒 to^{443}

（路上）停着一辆车。（门上）贴了一副对联（。）

南 昌	停了 lɛu⁰ 一只车。贴了 lɛu⁰ 一副对子
修 水	停到 tau⁵⁵ 一辆车。贴了 tau⁰ 一副对联
湖 口	停到 tau³⁵ 一乘车。贴嘞 lɛ⁰ 一副对联
鄱 阳	停了 liau⁰ 一部车子。贴了 liau⁰ 一副对子
铅 山	歇唠 lau⁰ 一把车。贴唠 lau⁰ 一副对联
抚 州	停到 tau⁰ 一只车子。贴哩 li⁰ 一副对联
资 溪	停到 tau⁵³ 一只车。贴到 tau⁵³ 一副对联
宜 黄	停诶 ɛ⁰ 一只车。贴诶 ɛ⁰ 一副对联
丰 城	停到 tau²¹³ 一只车。贴哩 li⁰ 一副对联
高 安	停到 tau⁴⁴ 一张车。贴到 tau⁴⁴ 一副对子
新 余	停到 tau⁴² 一张车。贴哩 li⁰ 一副对子
吉 安	停哩 li⁰ 一把车。贴哩 li⁰ 一副对联
遂 川	停矣 i⁰ 一顶车子。贴矣 i⁰ 一副对联
宁 都	停欸 ɛ⁰ 一只车。贴欸 ɛ⁰ 一副对联
瑞 金	停倒 tɔ²¹² 一只车。贴稳 vin²¹² 一副对联
于 都	停稳 vẽ³⁵ 一只车。贴稳 vẽ³⁵ 一副对联
赣 县	停稳 uəŋ⁵³ 一只车。贴了 liɔ⁰ 一副对联
南 康	停稳 vẽ²¹/了 lə⁰ 一架车。贴了 lə⁰ 一副对联
龙 南	停紧 tɕin⁵³/稳 ven⁵³ 一架车。贴紧 tɕin⁵³/稳 ven⁵³ 一副对联
寻 乌	停稳 vun⁴² 一架车。贴稳 vun⁴²嘞 le⁰ 一副对联
黄 坳	停到 tau⁵³ 一乘车。贴哩 li⁰ 一副对联
铜 鼓	停到 tau⁵¹ 一乘车。贴哩 li⁰ 一副对联
大 溪	歇哩 li⁰ 一把车。贴哩 li⁰ 一副对联
太 源	停欸 ɛ⁰/啊 a⁰ 一把车。贴欸 ɛ⁰/啊 a⁰ 一副对联
九 江	停咯 lo⁰ 一辆车。贴咯 lo⁰ 一幅对联
赣 州	停稳 vəŋ⁴⁵ 一部车。贴唠 lɔ⁰ 一幅对联
白 槎	停咯 lo⁰ 一辆车。贴咯 lo⁰ 一副门对子
浮 梁	停嘀 ti⁰ 一部车，贴嘀 ti⁰ 一副对联
婺 源	停着 tsʴ⁵¹ 一乘车，贴之 tɕi⁰ 一副对联
上 饶	歇吥 puʔ⁰ 一把车，贴吥 puʔ⁰ 一副对联
广 丰	歇姆 m̩⁰ 个把车，贴姆 m̩⁰ 个副对联
铜 山	停咯 lə⁰ □tɕieʔ² 把车，贴咯 lə⁰ □tɕieʔ² 副对联

打着傘（去上学）。躺着（看书不好！）

南 昌	撑到 tau^0 伞。眍到 tau^0
修 水	撑到 tau^{55} 伞。眍到 tau^{55}
湖 口	打着 dzo^{211} 伞。眍到 tau^{455}
鄱 阳	打到 tau^0 伞。眍到 tau^0
铅 山	撑起 tɕʰi^0 伞。眍倒 tau^0
抚 州	撑到 tau^{41} 伞。眍到 tau^{41}
资 溪	遮到 tau^{53} 伞。眍到 tau^{53}
宜 黄	撑到 tɔu^{42} 伞。眍到 tɔu^{42}
丰 城	撑到 tau^{213} 伞。眍到 tau^{213}
高 安	撑到 tau^{44} 伞。眍到 tau^{44}
新 余	撑到 tau^{42} 伞。瞌到 tau^{42}
吉 安	打到 tau^{21} 伞。躺到 tau^{21}
遂 川	撑倒 tɔ^{31} 伞。眍倒 tɔ^{31}
宁 都	撑住 tsʰu^{44} 伞。睡到 tau^{31} 来 lɛi^{13}
瑞 金	擎稳 vin^{212}。歇倒 tɔ^{212}
于 都	撑稳 vẽ^{35} 伞。歇到 tɔ^{323}
赣 县	擎稳 uəŋ^{53} 伞。歇倒 tɔ^{53}
南 康	撑稳 vẽ^{21} 伞。歇到 tɔ^{53}
龙 南	擎紧 tɕin^{53} 伞。歇紧 tɕin^{53}
寻 乌	撑稳 vun^{42} 伞。睡稳 vun^{42}
黄 坳	擎□tən^{53} 伞。睡倒 tau^{31}
铜 鼓	撑到 tau^{51} 伞。睡到 tau^{51}
大 溪	撑起 tɕʰi^{433} 伞。睡 fɛ^{52} 倒 tau^0
太 源	撑起 ɕi^{325} 伞。眍到 tau^{44}
九 江	打到 tau^{21} 伞。仰到 tau^{21}
赣 州	打 vəŋ^{45} 伞。睡稳 vəŋ^{45}
白 槎	打着 tʂuo^{55} 伞。睡到 tau^{312}
浮 梁	打嘀 ti^0 伞。眍倒 tau^0
婆 源	打着 tsʳɿ^{51}/到 tɔ^0 伞。眍倒 tɔ^0
上 饶	撑起 tɕʰi^0 伞。眍倒 tɔu^{52}
广 丰	撑起 xi^0 伞。眠倒 təɯ^0
铜 山	擤 kia^{24} 起 kʰi^{443} 伞。眍倒 tə^0

	44 （只有一个空位，两人）轮着坐（。）	45 （门）开着的（，你去就是。）
南　昌	轮得 tɛt⁵/到 tau⁴⁵ 坐	开到 tau⁴⁵ 个 ko⁰
修　水	轮到 tau⁵⁵ 坐	开到 tau⁵⁵ 个 kɔ⁰
湖　口	轮流 lun²¹¹liɛu²¹¹/换着 xuan²¹³dzo²¹¹ 坐	门是 ʂʅ²¹³ 开的 ti⁰
鄱　阳	轮流 lən²⁴liɛu²⁴ 坐	打开个 ko⁰
铅　山	轮起 tɕi⁰ 坐	开个 ko⁰
抚　州	照 tɛu⁴¹ 轮坐	开到 tau⁴¹ 个 ko⁴¹
资　溪	轮到 tau⁵³ 坐	开到 tau⁵³ 个 ko⁰
宜　黄	照 tɔu⁴² 轮坐	开到 tɔu⁴² 个 ko⁴²
丰　城	轮到 tau²¹³ 坐/一人坐一下 iʔ³²xa⁰ 过 kuo²¹³	开到 tau²¹³ 在 tsʻei²¹³
高　安	轮到 tau⁴⁴ 坐	开到 tau⁴⁴ 嘚 tɛt⁰
新　余	坐一下 iʔ⁵xa¹² 过 kuo⁴²	开到 tau⁴² 个 ko⁰
吉　安	轮到 tau²¹ 坐	开个 ko²¹
遂　川	调着 tsə³⁵ 坐	开稳 uĩn³¹ 个 kɛ⁰
宁　都	轮正 tsaŋ³¹ 来 lɛi¹³ 坐	开歁 ɛ⁰□xei⁴⁴□kai²¹⁴
瑞　金	轮动 tʻʋŋ⁴⁴ 来 luɛ³⁵ 坐	开稳 vin²¹²
于　都	轮换来 luɛ⁴⁴ 坐	开□kæ³²³ 哩 li⁰
赣　县	轮稳 uəŋ⁵³ 坐	开稳 uəŋ⁵³ 个 kæ⁰
南　康	轮稳 vẽ²¹ 坐	开稳 vẽ²¹
龙　南	轮紧 tɕin⁵³ 来 lɔi³¹² 坐	开紧 tɕin⁵³ 个 ke⁴⁴
寻　乌	轮稳 vun⁴² 来 luɐi²¹⁴ 坐	开稳 vun⁴²/到 tau⁵⁵ 歁 e
黄　坳	轮开哩 li⁰ 坐	打开哩 li⁰
铜　鼓	轮到 tau⁵¹ 坐	开个 ki⁵¹
大　溪	轮起 tɕi⁴³³ 坐	开开个 kɛ⁰
太　源	轮流 lun²¹²liu²¹² 坐	打开个 kɛ⁰
九　江	调 tʻiau²¹³ 到 tau²¹ 坐	开到 tau²¹ 的 ti⁰
赣　州	轮到 tɔ²¹² 来 læ⁴² 坐	开稳 vəŋ⁴⁵ 的 ti⁰
白　槎	换 fan³¹² 着 tʂuo⁵⁵ 坐	开咯 lo⁰
浮　梁	轮流 lɛn²⁴liəu²⁴ 坐	打开个 kɛ⁰
婺　源	换拨 xum⁵¹pɒ⁵¹ 坐	开到 tɔ⁰ 个落 ke³⁵lɔ⁵¹ 个 ke⁰
上　饶	轮起 tɕi⁵² 坐	开个 kə⁰
广　丰	轮起 xi⁰ 坐	开开个 kɣ⁰
铜　山	轮起 kʻi⁴⁴³ 坐	开个 e⁰

	46 （你）坐着！（别站起来。） （你）坐下（，别站着！）	47 （你）站起来（！）
南昌	坐到 tau^{45}！坐下去 xa^{21}tɕʰie^{0}	徛起来 tɕʰi^{213}lii^{0}
修水	坐到 tau^{55}！坐下去 xa^{22}dʑie^{35}	徛起来 dʑi^{21}lɛi^{24}
湖口	坐到 tau^{455}！坐下去 xa^{213}dʑi^{213}	徛起来 dʑi^{343}lai^{211}
鄱阳	坐倒 tau^{42}！坐下去 xɒ^{21}tɕʰie^{35}	徛起来 tɕʰi^{42}lai^{24}
铅山	坐到 tau^{21}！坐到 tau^{21}来 lai^{0}	徛起 tɕʰi^{0}
抚州	坐到 tau^{41}！坐下来 xa^{212}loi^{24}	徛起来 tɕʰi^{45}loi^{24}
资溪	坐到 tau^{53}！坐下 xa^{22}	徛起来 tɕʰi^{35}loi^{13}
宜黄	坐到 tɔu^{42}！坐到 tɔu^{42}！	徛起来 tɕʰi^{453}lɛi^{45}
丰城	坐到 tau^{213}！坐到 tau^{213}！	徛起来 tɕʰi^{41}lɛi^{33}
高安	坐到 tau^{44}！坐落去 lɔk^{5}xie^{44}	徛起来 ɕi^{42}lɔi^{213}
新余	坐到 tau^{42}！坐下米 xa^{12}lai^{42}	立起来 tɕʰi^{213}lai^{42}
吉安	坐到 tau^{21}！坐下去 xa^{214}tɕʰiɛ^{21}	立/站起来 tɕʰi^{53}lai^{21}
遂川	坐倒 tɒ^{31}！坐卜去 xa^{214}ɕi^{55}	徛起来 ɕi^{31}lɛ^{22}
宁都	坐到 tau^{31}来 lɛi^{13}！坐下来 xa^{44}lɛi^{13}	徛□来 xoŋ^{44}lɛi^{13}
瑞金	坐稳 vin^{212}！坐倒 tɔ^{212}	徛□米 xoŋ^{42}luɛ^{35}
于都	坐稳 ṽẽ^{35} / 到 tɔ^{323}！坐下来 xa^{42}luɛ^{44}	徛起 ɕi 来 luɛ^{44}
赣县	坐倒 tɔ^{53}！坐下来 xa^{44}læ^{212}	徛起 ɕi^{212}læ^{212}
南康	坐倒 tau^{21}！坐下 xa^{53}	徛□米 xɔ̃^{53}læ^{11}
龙南	坐紧 tɕin^{53}！坐下 xa^{22}	徛□米 xɔŋ^{22}lɔi^{312}
寻乌	坐稳 vun^{42}来 luɐi^{214}！坐下 xa^{55}	徛□米 xoŋ^{55}luɐi^{214}
黄坳	坐得 tɛt^{2}！坐下去 xa^{24}kʰi^{53}	徛起来 kʰi^{31}lɔi^{212}
铜鼓	坐到 tau^{51}！坐下去 xa^{51}ɕi^{51}	徛起来 tɕʰi^{21}lɔi^{13}
大溪	坐倒 tau^{433}！坐下来 xa^{33}læ^{213}	徛起来 tɕʰi^{433}læ^{213}
太源	坐到 tau^{44}！坐到 tau^{44}	徛起来 ɕi^{325}luɔi^{212}
九江	坐到 tau^{21}！坐下来 xɒ^{21}lai^{44}	站起来 tɕʰi^{213}lai^{44}
赣州	坐到 tɔ^{212}！坐下来 ɕia^{212}læ^{42}	站起来 tɕʰi^{45}læ^{42}
白槎	坐到 tau^{312}！坐 tsuo^{312}下来 ɕia^{214}lai^{5}	站起来 tɕʰi^{214}lai^{0}
浮梁	坐到 tau^{0}！坐到 tau^{0}/下米 xo^{33}lɛ^{0}	徛起来 tɕʰi^{31}lɛ^{0}
婺源	坐着 tsʅ^{51}/到 tɔ^{0}！坐下 xɵ^{0}	徛起来 tɕʰi^{35}le^{11}
上饶	坐倒 tɔu^{0}！坐倒 tɔu^{0}（来 læ^{0}）	徛 dʑi^{231}起 tɕʰi^{0}
广丰	坐倒 təu^{0}！坐倒 tɯau^{0}（来 li^{0}）	徛 gɐi^{24}起 xi^{0}
铜山	坐倒 tə^{0}！坐倒 tə^{0}（来 lai^{0}）	徛 kʰia^{55}起来 kʰi^{443}lai^{0}

（桃子）让我尝尝（。）

南 昌	让ȵiɔŋ²¹ 我尝sɔŋ⁴⁵ 下子 xa²¹tsʅ⁰
修 水	让ȵiɔŋ²² 我尝 dzɔŋ²⁴ 一下 it⁴²xa⁰
湖 口	让ȵian²¹³ 我尝 dʑɔŋ²¹¹ 尝 dʑɔŋ⁰
鄱 阳	让ȵiẽn²¹ 我尝 sãn²⁴ 一下子 i⁴⁴xɒ²¹tsʅ⁰
铅 山	让ȵian²¹ 阿尝 san²⁴ 下 xa⁰
抚 州	让ȵiɔŋ²¹² 我尝 sɔŋ²⁴ 下 xa⁰
资 溪	让ȵiɔŋ²² 阿尝 sɔŋ¹³ 下 xa⁰
宜 黄	让ȵiɔŋ²² 我尝 sɔŋ⁴⁵ 一下 it²xa²²
丰 城	拿 laʔ³² 我尝 sɔŋ³³ 一下 iʔ²xa⁰
高 安	拿 lak⁵ 我尝 tˢɔŋ²¹³ 一下 ia⁰
新 余	让ȵiɔŋ¹² 阿/我较 kau⁴² 下 xa¹²
吉 安	让 laŋ²¹⁴ 我尝 sɔŋ²¹ 一下 i³³⁴xa²¹⁴
遂 川	□nãn⁵³ 阿尝 tsˢɔ̃²² 一下 i⁵⁵xa²¹⁴
宁 都	让 nɔŋ⁴⁴ 倻尝 tsˢɔŋ¹³ 一下 it³²xa⁰
瑞 金	讨 tˢɔ²¹² 倻尝 sɔŋ³⁵ 下子 xa⁵¹tsʅ⁰
于 都	拿 na³¹ 倻尝 ʃɔ̃⁴⁴ 下子 xa⁴²tsʅ⁰
赣 县	让ȵiɔ⁴⁴ 倻尝 sɔ²¹² 下子 xa⁴⁴tsʅ⁰
南 康	拿 na³³ 倻 sɔ̃¹¹ 下嘞 xa⁵³lə⁰
龙 南	撇 iaʔ⁴³ 倻尝 tsˢɔŋ³¹² 下嗰 xa²²teʔ⁰
寻 乌	让ȵiɔŋ⁵⁵ 倻尝 sɔŋ²¹⁴ 下子 xa⁵⁵tsʅ⁰
黄 坳	分 puən²⁴ 倻尝 sɔŋ²¹² 下子 ŋa²⁴tsʅ⁰
铜 鼓	让ȵiɔŋ⁵¹ 倻尝 sɔŋ¹³ 下子 xa⁵¹tsʅ⁰
大 溪	让ȵiɔŋ⁴³⁵ 倻尝 sɔŋ²¹³ 下 xa⁰
太 源	让ȵiɔŋ⁴² 倻尝尝 ʃɔŋ²¹²ʃɔŋ⁰
九 江	让ʒã²¹ 我尝ʂã⁴⁴ （一⁵³）下xɒ²¹
赣 州	让 iãn²¹² 我尝 sãn⁴² 一下 iɛʔ³çia²¹²
白 槎	让zaŋ³¹² 我尝 tʂʼaŋ⁵⁵ 一下 i⁴²xa³¹²
浮 梁	让ȵia³³ 我尝 tɕʼia²⁴ 下 xo⁰
婺 源	让ȵiã⁵¹ 我尝 tɕʼiã¹¹ 下 xɵ⁰
上 饶	让ȵiãn²¹ 阿尝 sãn⁴² 下 xa⁰
广 丰	等 dẽn²¹ 阿尝 çiãn²³¹ 下 xo⁰
铜 山	互 xɔ²¹ 我尝 çiɔŋ²⁴ 一下 tɕie⁰

（你）慢慢地说！别着急（！）

南 昌	慢慢子 tsʅ⁰ 话！不要 pit⁵iɛu⁴⁵ 急
修 水	慢慢嘚 tɛt⁰ 话！莫 moʔ⁴² 急
湖 口	慢慢子 tsʅ³⁴³ 说！莫 mo⁴⁵⁵ 急
鄱 阳	慢慢子 tsʅ⁰ 话！不要 pə⁴⁴iau³⁵ 急
铅 山	慢慢话！不要 piau²¹ 急
抚 州	慢慢话！不要 put²iau⁴¹ 急
资 溪	慢慢话！不要 pit³iau⁵³ 作□fɔʔ⁵
宜 黄	慢慢话！莫 mɔʔ⁵ 急
丰 城	慢慢话！莫 mɔʔ⁵ 急
高 安	慢慢嘚 tɛt⁵ 话！莫 mɔk⁵ 急
新 余	慢□fuoʔ⁵ 崽嘚 tɛ⁰ 话！不要 pəʔ⁵iɛu⁴² 急
吉 安	慢□fa⁵³ 哩 li⁰ 话！不要 pu³³⁴iau²¹⁴ 着急
遂 川	慢慢话 ua²¹⁴！唔ŋ²² 要iɔ⁵⁵ 着急
宁 都	小□siau⁴²tin¹³ 话！唔□ŋ¹³nau³¹ 着急
瑞 金	小意 ɕiɔ⁴⁴iʔ⁴² 话！唔要ɳiɔ⁴² 急
于 都	慢慢□ʃʅ⁴² 子 sʅ⁰ 话！唔要ɳiɔ³²³ 急
赣 县	慢慢子 tsʅ⁰ 话！□mue⁵³ 急
南 康	慢慢来 læ¹¹ 话！唔ŋ¹¹ 要iɔ⁵³ 着急
龙 南	慢慢嘚 teʔ⁰ 讲！唔爱 mɔi²⁴ 急
寻 乌	慢慢讲 kɔŋ⁴²！唔爱 muɐi⁵⁵ 急
黄 坳	慢慢子 tsʅ⁰ 话！莫 mɔk⁵ 慌
铜 鼓	慢慢子 tsʅ⁰ 话！莫 mɔk⁵ 着慌
大 溪	慢慢话，唔爱ŋ²¹³uɐ⁵² 急
太 源	慢慢嘞 lɐ⁰ 讲！未mɔi⁴² 急
九 江	慢点 tiɛn²¹³ 说ʂuai⁵³！莫 mo⁵³ 着急
赣 州	慢慢子 tsʅ⁰ 讲！不要 piɔ²¹² 急
白 槎	慢慢说！莫 mo⁴² 急
浮 梁	慢慢哩 li⁰ 话！不要 piau²¹³ 急
婺 源	慢慢□lə⁵¹□kə⁰ 讲！不要 piɔ³⁵ 急
上 饶	慢慢话！不要 piɔu⁴³ 慌
广 丰	慢慢儿 ɳĩn⁴⁴ 话！莫个 mɣʔ²kɣʔ⁵ 慌
铜 山	慢慢呾！莫得 məʔ²tieʔ⁴/免 bian⁴⁴³ 狂

50

把门关上！别把东西丢了（！）

南昌	拿 laʔ^{5} 门关到 tau^{45}！不要 pɨt^{5}iɛu^{45} 跌吓 pɨt^{5} 了 lɛu^{0} 东西
修水	关到 tau^{55} 门！东西莫 mɔʔ^{5} 落刮 kuæt^{42} 了 tau^{0}
湖口	□ma^{213} 门关到 tau^{455}！莫 mo^{213}□ma^{213} 东西落 lo^{455} 掉嘞 lɛ^{0}
鄱阳	把 pɒ^{42} 门关到 tau^{0}！不要 pə^{44}iau^{35} 落吓 pə^{44} 哩 li^{0} 东西
铅山	门关到 tau^{0}！不要 piau^{21} 跌吓 p ɤ ʔ^{0} 东西
抚州	摆 p'ai^{45} 门关到 tau^{41}！不要 put^{2}iau^{41} 摆 pai^{45} 东西舞跌咧 tiɛ^{0}
资溪	摆 pai^{35} 门关到 tau^{53}！不要 pɨt^{3}iau^{53} 摆 pai^{35} 东西落了tiau^{0}
宜黄	摆 pai^{453} 门关到 tɔu^{42}！莫 mɔʔ^{5} 摆 pai^{453} 东西落嘚 tɛʔ^{0}
丰城	拿 laʔ^{32} 门关到 tau^{213}！莫 mɔʔ^{5} 窃 tɕ'iɛ^{52} 了 le^{0} 东西
高安	拿 lak^{5} 门关到 tau^{44}！莫 mɔk^{5} 跌 liɛt^{5} 嘚 tɛt^{0} 东西
新余	把 pa^{213} 门关到 tau^{42}！不要 pəʔ^{5}iɛu^{42} 把 pa^{213} 东西跌泼 p'əʔ^{5} 哩 li^{0}
吉安	把 pa^{53} 门关到 tau^{21}！不要 pu^{334}iau^{21} 把 pa^{53} 东西跌泼 p'ɵ^{334} 哩 li^{0}
遂川	拿 nãn^{22} 门关倒 tɒ^{31}！唔ŋ̍^{22} 要 iɒ^{55} 拿 nãn^{22} 东西跌嘎 ka^{55}
宁都	关掉 t'iau^{31} 门来 lɛi^{13}！唔□ŋ̍^{13}nau^{31} 跌掉 t'iau^{31} 东西
瑞金	□kan^{42} 门关掉 t'iɔ^{51}！唔要ȵiɔ^{42}□kan^{42} 东西冇 mɔ^{35} 掉 t'iɔ^{44}
于都	关稳 vẽ^{35} 门！不要ȵiɔ^{323} 跌了 liɔ^{35} 东西嘞 lɛ^{0}
赣县	门关一下 iɛʔ^{32}xa^{44}！□mue^{53} 跌了 liɔ^{44} 东西
南康	关门嘞 lɛ^{0}！不要 niɔ^{42} 把 pa^{22} 东西跌了lə^{0}
龙南	搦 iaʔ^{43} 门关倒 tau^{53}！呣爱 mɔi^{24} 搦 iaʔ^{43} 东西跌了 liau^{53}
寻乌	门关稳 vun^{42} 来 luɐi^{214}！呣爱 muɐi^{55} 着 tsɔʔ^{21} 东西跌了 liau^{42} 嘞 le^{0}
黄坳	拿 na^{24} 门关起 k'i^{31}！莫 mɔk^{5} 拿 na^{24} 东西跌哩 li^{0}
铜鼓	把 pa^{21} 门关到 tau^{51}！莫 mɔk^{5} 把 pa^{21} 东西跌脱 t'ɛk^{5} 哩 li^{0}
大溪	门关倒 tau^{433}！东西唔爱ŋ̍^{213}uɛ^{52} 跌嘞 lɛ^{0}
太源	拿 nan^{44} 门关到 tau^{44}！未 mɔi^{42} 拿 nan^{44} 东西未见 mɔui^{42}tɕian^{44} 啦 la^{0}
九江	把 pɒ^{213} 门关到 tau^{21}！莫 mo^{53} 把 pɒ^{213} 东西搞丢咯 lo^{0}
赣州	把 pa^{45} 门关稳 vəŋ^{45}！不要 piɔ^{212} 少 sɔ^{45} 掉唠 lɔ^{0} 东西
白槎	把 pa^{312} 门关好 xau^{214} 咯 lo^{0}！莫 mo^{42} 落咯 lo^{0} 东西
浮梁	关到 tau^{0} 门！不要 piau^{213} 跌嘀 ti^{0} 东西
婺源	帮 pã^{55} 门关到 tɔ^{0}！不要 piɔ^{35} 东西跌之 tɕi^{0}
上饶	门关倒 tɔu^{0}！东西不要 piɔu^{43} 跌吓 puʔ^{0}
广丰	门关起 xi^{0}！东西莫个 mɤʔ^{2}kɤʔ^{5} 无末 mɤʔ^{2}
铜山	门关起 k'i^{443}！东西莫得 məʔ^{2}tieʔ^{4} 无咯 lə^{0}

把这头牛牵回家去（！）

南　昌	拿 laʔ⁵ 个头牛牵去归 tɕʰie²¹³kui⁴²
修　水	（捉 tsɔʔ⁴²）个只牛牵得去归 tɕʰie²⁴kui³⁴
湖　口	□ma²¹³伊只牛牵到 tau⁴⁵⁵屋里 u⁴²li³⁴³去 dʑi²¹³
鄱　阳	把 pɒ⁴²个条牛牵回去 uɛi²⁴tɕʰie⁰
铅　山	这条牛牵去归 kʰuɪ²¹kui³³
抚　州	摆 pai⁴⁵该只牛牵转 ton⁴⁵屋下 uʔ²xa²¹²去 tɕʰiɛ⁴¹
资　溪	摆 pai³⁵该只牛牵转去 ton³⁵kʰɛ̃⁵³
宜　黄	摆 pai⁴⁵³个只牛牵去归 tɕʰie⁴²kui³³
丰　城	拿 laʔ³²该只牛牵到 tau²¹³去 tɕʰie²¹³屋里 uʔ³²li⁰
高　安	拿 lak⁵该只牛牵得 tet⁵屋下 uk⁵xa²²去 xie⁴⁴
新　余	把 pa²¹³该只牛牵到 tau⁴²屋里 uʔ⁵li⁰去 tɕʰie⁴²
吉　安	把 pa⁵³个只牛牵回 fei³¹屋里 uo³³⁴li⁰去 tɕʰie²¹
遂　川	拿 nãn²²底只牛牵屋里 uɛ⁵⁵ti³⁵去 ɕi⁵⁵
宁　都	把 pa²¹⁴底只牛牵归 kui⁴²屋□vuk⁵kʰa⁴²去 ɕie³¹
瑞　金	□kan⁴²底只牛牵归 kue⁴⁴屋家 vuʔ²kʰa⁴⁴
于　都	把 pa³⁵底只牛牵转 tsuẽ³⁵屋里 vuʔ⁵li⁰去 ɕiɣ³²³
赣　县	拿 na²⁴改只牛牵归去 kue²⁴ɕi⁴⁴
南　康	把 pa²¹改只牛牵去牵 ɕi⁵³□tsɔ̃⁴²
龙　南	撅 iaʔ⁴³该只牛牵归 kui²⁴屋□vɔʔ⁴³kʰa²⁴去 ɕi⁴⁴
寻　乌	着 tsɔʔ²¹底只牛牵归去 kue²⁴ɕi⁵⁵
黄　坳	拿 na²⁴伊条牛牵回去 fɔi²¹²kʰi⁵³
铜　鼓	把 pa²¹伊只牛牵归 kui²¹⁴屋下 uk³xa⁵¹去 ɕi⁵¹
大　溪	底条牛牵转去 tɕyon⁴³³kʰɛ̃⁵²
太　源	拿 nan⁴⁴该条牛牵转去 tʃuan³²⁵ɕiu⁴⁴
九　江	把 pɒ²¹³□tei²¹头牛牵屋里 u⁵³li⁰去 tɕʰi²¹
赣　州	把 pa⁴⁵这匹牛牵回去 xue⁴²tɕʰy²¹²
白　槎	把 pa³¹²□lɛ³¹²条牛牵回去 fei⁵⁵tʂʰʅ³¹²
浮　梁	担 to⁵⁵□lɛ⁵⁵条牛牵去家 tɕʰiʔ²¹³ko⁵⁵
婺　源	帮 pã⁵⁵伊匹牛牵去家 tɕʰie³⁵ke⁵⁵
上　饶	这条牛牵去归 kʰɔ²¹kui⁴⁴
广　丰	乙条牛跟 kæ̃n⁴⁴渠 ŋɤ²⁴拖去归 kʰɤ²¹kui⁴⁴
铜　山	即只牛甲 kæʔ²⁴伊 i³³牵道去 tɔ²¹kʰu²¹

52

（他）把弟弟带来了（。）

南 昌	拿 laʔ⁵ 老弟带米来了 lɛu⁰
修 水	捉 tsɔʔ⁴² 老弟带得来了 tau⁰ / 带得老弟来了 tau⁰
湖 口	□ma²¹³ 老弟带来嘞 lɛ⁰
鄱 阳	把 pɒ⁴² 弟郎带来咧 lie⁰
铅 山	帮 pon³³ 弟郎带来唠 lau⁰
抚 州	摆 pai⁴⁵ 弟崽带来哩 li⁰
资 溪	摆 pai³⁵ 弟崽带来了 tiau⁰
宜 黄	摆 pai⁴⁵³ 弟带来欸 ɛ⁰
丰 城	拿 laʔ³² 老弟带得来哩 li⁰
高 安	拿 lak⁵ 弟子带来嗲 tɛt⁰
新 余	把 pa²¹³ 老弟带得 teʔ⁰ 来哩 li⁰
吉 安	把 pa⁵³ 老弟带得 tɛ³³⁴ 来哩 li⁰
遂 川	拿 nãn²² 老弟带过来矣 i⁰
宁 都	把 pa²¹⁴ 老弟带来欸 ɛ⁰
瑞 金	□kan⁴² 老弟带得 teʔ² 来哩 li⁴⁴
于 都	把 pa³⁵ 老弟带来哩 li⁰
赣 县	拿 na²⁴ 老弟带来了 liɔ⁰
南 康	把 pa²¹ 老弟带得来啦 la⁰
龙 南	摵 iaʔ⁴³ 老弟带嗲 teʔ⁰ 米来了 liau⁵³
寻 乌	着 tsɔʔ²¹ 老弟带来嘞 le⁰
黄 坳	拿 na²⁴ 老弟带来哩 li⁰
铜 鼓	把 pa²¹ 老弟带来哩 li⁰
大 溪	把 pa⁴³³ 老弟带来嘞 lɛ⁰
太 源	拿 nan⁴⁴ 弟带来呀 ia⁰
九 江	把 pɒ²¹³ 弟弟带来咯 lo⁰
赣 州	把 pa⁴⁵ 弟弟带得 tvʔ³ 来唠 lɔ⁴²
白 槎	带 tai³¹² 来咯 lo⁰ 小儿
浮 梁	担 to⁵⁵ 弟郎带来嘀 ti⁰
婺 源	帮 pã⁵⁵ 弟郎带之 tɕi⁰ 来 le¹¹
上 饶	帮 pɔŋ⁴⁴ 弟郎带来唠 lɔu⁰
广 丰	帮 piãn⁴⁴ 弟郎带起 xi⁰ 来啵 pəɯ⁰
铜 山	甲 kæʔ⁴ 小弟□tsʼua²¹ 来咯 lə⁰

（他）没有把衣服拿回来（。）

南　昌	冇 mau²¹ 拿 laʔ⁵ 衣裳拿回来
修　水	□məŋ²⁴ 捉 tsɔʔ⁴² 衣裳拿回来
湖　口	冇 mau²¹¹ □ma²¹³ 衣裳拿回来
鄱　阳	冇 mau²⁴ 把 pɒ⁴² 衣裳拿回来
铅　山	衣裳无 mu²⁴ 摭 iɐi⁴ 转来
抚　州	冇 mau²⁴ 摆 pai⁴⁵ 衣裳拿转来
资　溪	冇 mau¹³ 摆 pai³⁵ 衣裳拿回来
宜　黄	冇 mɔu⁴⁵ 摆 pai⁴⁵³ 衣裳拿归来
丰　城	冇 mau³³ 拿 laʔ³² 衣裳归来
高　安	冇 mau²² 拿 lak⁵ 衣裳归来
新　余	冇 mau⁴² 把 pa²¹³ 衣裳拿得归来
吉　安	冇有 mau²¹iu⁵³ 把 pa⁵³ 衣裳拿回来
遂　川	冇 mɒ²¹⁴ 拿 nãn²² 衫裤拿 nãn²² 回来
宁　都	冇 mau¹³ 拿衫子归去
瑞　金	唔曾 ŋ⁴²tʰen⁴⁴ □kan⁴² 衫裤拿归来
于　都	冇 mɔ⁴⁴ □mɔ³⁵ 把 pa³⁵ 衫裤拿回来
赣　县	冇 mɔ²¹² 拿 na²⁴ 衫裤拿 na²⁴ 回来
南　康	唔□ŋ¹¹nẽ¹¹ 把 pa²¹ 衫裤拿回来
龙　南	唔曾 m̩³¹²tɕien³¹² 摭 ia ʔ⁴³ 衫裤拿回来
寻　乌	唔曾 ŋ²¹⁴tɕiɛn²¹⁴ 着 tsɔʔ²¹ 渠衫裤拿归来
黄　坳	唔曾 nɛn²¹² 拿 na²⁴ 衫衣带回来
铜　鼓	冇 mau¹³ 把 pa²¹ 衣衫拿归来
大　溪	□man²¹³ 把 pa⁴³³ 衫拿转来
太　源	未 muɔi⁴² 分 pun⁴⁴ 衫拿转来
九　江	冇 mau²¹ 把 pɒ²¹³ 衣服拿回来
赣　州	没有 miu⁴⁵ 把 pa⁴⁵ 衣裳拿回来
白　槎	没 mei²¹⁴ 把 pa²¹⁴ 衣裳拿回来
浮　梁	冇 mau²⁴ 担 to⁵⁵ 衣裳□tʰo²⁴ 来家
婆　源	□pɔ̃¹¹ 帮 pã⁵⁵ 衣裳拎 nɔ̃⁵⁵ 回来
上　饶	衣衫呒没 m̩²¹mɐʔ²³ 摭转来
广　丰	无 mɣʏʔ² 帮 piãn⁴⁴ 衫/无 mɣʏʔ² 摭 iæi ʔ⁵ 转来
铜　山	衫裤无 bɔ²¹ □lə⁴⁴³ 道来

	54 碗被打破了（。）	55 （他）被骂了一顿（，不敢再说话了。）
南昌	碗打破 pʻo²¹³ 吥 pit⁵ 了 lɛu⁰	等 tɛn²¹³/驮 tʻo²⁴ 骂了 lɛu⁰ 一 it⁵ 餐 tsʻan⁴²
修水	碗打破 pʻo³⁵ 了 tau⁰	驮 do²⁴ 刮 kuæt⁵ 一 it⁵ 餐 tsʻan⁴⁴ □tən⁵⁵
湖口	碗打破 bo⁴⁵⁵ 嘞 lɛ⁰	捱 ŋai²¹¹ 嘞 lɛ⁰ 一 i⁴⁵⁵ 顿 tun⁴⁵⁵ 骂
鄱阳	碗打破 pʻo³⁵ 咧 lie⁰	捱 ŋai²⁴ 哩 li⁰ 骂过 ko³⁵
铅山	碗打破 pʻo²¹ 吥 pyʔ⁴ 唠 lau⁰	捱唠 lau⁰ 一 iʔ⁴ 餐 tsʻan³³ 骂
抚州	碗打破 pʻo⁴¹ 咧 tie⁰	驮 xo²⁴/捱 ŋai²⁴ 哩 li⁰ 一 it² 餐 tsʻan³² 骂
资溪	碗打破 pʻo⁵³ 了 tiau⁰	驮 xo¹³ 了 tiau⁰ 一 it² 餐 tsʻan³¹ 骂
宜黄	碗打烂 lan²² 喝 tɛʔ⁰	得 tɛʔ² □tɔt² 喝 tɛʔ⁰ 一it² 餐 tsʻan³³
丰城	碗打烂 lan²¹³ 哩 li⁰	□xau⁴¹ 得 tɛt³² 骂哩 li⁰ 一 iʔ⁵ 餐 tsʻan³³
高安	碗打烂 lan²² 喝 tɛt⁰	驮 tʻo²¹³ 得 tɛt⁵ 一 it⁵ 顿 tuɘn⁴⁴ 骂
新余	碗打烂 lan¹² 哩 li⁰	驮 tʻo⁴² 泼 pʻəʔ⁵ 一 iʔ⁵ 顿 tun⁴² 骂
吉安	碗打破 pʻo²¹ 泼 pʻɵ³³⁴ 哩 li⁰	等 tɛn⁵³ 人家 n̠in²¹ka³³ 骂泼 pʻɵ³³⁴ 一 i³³⁴ 餐 tsʻan⁴²
遂川	碗打破 pʻo⁵⁵ 嘎 ka⁵⁵ 矣 i⁰	拿 nãn²² 人家 n̠ũn²²ka⁵³ 骂嘎 ka⁵⁵ 一 i⁵⁵ 餐 tsʻãn⁵³
宁都	碗打烂 lan⁴⁴ 欸 ɛ⁰	等 tɛn²¹⁴ 人家 n̠in¹³ka⁴² 骂欸 ɛ⁰ 一 iʔ³² 餐 tsʻan⁴²
瑞金	碗打烂 lan⁵¹ 掉 tʻiɔ⁴⁴	惹 n̠ia⁴⁴ 倒 tɔ⁴⁴/tʻɔ⁴² 骂
于都	碗打烂 lã⁴² 哩 li⁰	拿 na³¹ 人家 n̠iɛ⁴⁴ka³¹ 骂哩 li⁰ 一 iɛʔ⁵ 餐 tsʻãn³¹
赣县	碗打烂 lã⁴⁴ 了 liɔ⁰ 啦 la⁰	捱叼 tɔ⁴⁴ 了 liɔ²¹² 一iɛʔ³² sən²⁴
南康	碗打烂 lã⁵³ 了 liɔ²¹ 啦 la⁰	赚 tsʻɛ⁵³ 了 lə⁰ 一 i⁵⁵ 餐 tsʻãn³³ 骂
龙南	碗打爆 pau⁴⁴ 了 liau⁵³	赚 tsʻain²² 了 liau⁵³ 一 iɛʔ⁴³ 道 tʻau⁴⁴ 骂
寻乌	碗打烂 lan⁵⁵ 嘞 le⁰	分 pun²⁴ 人家 n̠in²¹⁴ka²¹ 骂嘞 le⁰ 一 iʔ²¹ 餐 tsʻan²⁴
黄坳	碗打烂 lan⁵³ 哩 li⁰	赚 tsʻan⁵³ 嘞 lɛ⁰ 一 it² 顿 tuɘn⁵³
铜鼓	碗打破 pʻo⁵¹ 哩 li⁰	驮 tʻo¹³ 哩 li⁰ 一 it³ 顿 tən⁵¹ 骂
大溪	碗打破 pʻo⁵² 嘞 lɛ⁰	捱哩 li⁰ 一 iʔ⁴⁵ 餐 tsʻan³³ 骂
太源	碗打耗 xau⁴⁴ 哇 ua⁰	让 n̠ioŋ⁴² 人家 n̠in²¹²ka⁴⁴ 骂啊 a⁰ 一 iʔ²⁴tsʻen⁴² 阵
九江	碗打破 pʻo²¹ 咯 lo⁰	驮 tʻo⁴⁴ 咯 lo⁰ 一 i⁵³ 餐 tsʻan³¹/□tɔ²¹
赣州	碗打烂 lãn²¹² 唠 lɔ⁰	被 pe²¹² 骂唠 lɔ⁰ 一 iɛʔ³ 顿 tuɘn²¹²
白槎	碗打咯 lo⁰	驮 tʻo⁵⁵/tɕʻyɛ⁵⁵ 咯 lo⁰ 一 i⁴² 顿 tuɘn³¹²
浮梁	碗打破 pʻo²¹³ 嘀 ti⁰	捱 ŋa²⁴ 嘀 ti⁰ 一 i²¹³ 餐 tsʻo⁵⁵ 骂
婺源	碗打破 pʻo³⁵ 之 tɕi⁰ 啦 la⁰	驮 tʻo¹¹ 之 tɕi⁰ 一 i⁵¹ 顿 tæn³⁵ 骂
上饶	碗打破 pʻo⁴³ 吥 puʔ⁵ 唠 lou⁰	捱吥 puʔ⁵ 一iʔ⁴ 餐 tsʻãn³¹² 骂
广丰	碗打破 pʻai⁵² 啵 pɘu⁰	捱唔 m̩⁰ 个 kyʔ⁵ 出 tɕʻyæ⁵ 骂
铜山	碗□kʻa⁴⁴ 破 pʻai⁴⁴³ 咯 lə⁰	捱咯 lə⁰ □tɕʻieʔ² 出 tsʻua⁴⁴³ 骂

（这件事）被他说中了（。）

南昌	让ȵiɔŋ²¹/等 tɛn²¹³/驮 t'o²⁴ 渠话到 tau⁴⁵ 了 lɛu⁰
修 水	拿得 naʔ⁴²tɛt⁴² 渠话到 tau⁵⁵ 了 tau⁰
湖 口	让ȵiaŋ²¹³/等 tən³⁴³ 伊说中 tsoŋ²¹³ 嘞 lɛ⁰
鄱 阳	等 tən⁴² 渠话到 tau³⁵ 咧 lie⁰
铅 山	让ȵian²¹/撅 iɛʔ⁴ 渠话到 tau²¹ 唠 lau⁰
抚 州	驮 xo²⁴/等 tɛn⁴⁵/着 ts'ɔʔ⁵ 渠话到 tau⁴¹ 哩 li⁰
资 溪	驮 xo¹³ 渠话到 tau⁵³ 了 tiau⁰
宜 黄	得 tɛʔ² 渠话着 t'ɔʔ⁵ 欸 ɛ⁰。
丰 城	□xau⁴¹ 渠话中 tsuŋ²¹³ 哩 li⁰
高 安	讨 xau⁴² 渠话中 tuŋ⁴⁴ 嗝 tɛt⁰
新 余	让ȵiɔŋ¹² 渠话中 tuŋ⁴² 哩 li⁰
吉 安	等 tɛn⁵³ 渠话中 tsuŋ²¹ 哩 li⁰
遂 川	拿 nãn²² 渠话中 tsɤ̃n²¹⁴ 矣 i⁰
宁 都	等 tən²¹⁴ 渠话着 ts'ɔk⁵ 欸 ɛ⁰
瑞 金	讨 t'ɔ²¹² 渠话倒 tɔ²¹²
于 都	拿 na³¹ 渠话中 tʃən³²³ 哩 li⁰
赣 县	拿 na²⁴ 渠话中 tsən⁴⁴ 嘞 lei⁰
南 康	拿 na³³ 渠话中 tsən⁵³ 啦 la⁰
龙 南	撅 iaʔ⁴³ 渠讲中 tsən⁴⁴ 了 liau⁵³
寻 乌	分 pun²⁴ 渠话对 tui⁵⁵ 嘞 le⁰
黄 坳	赚 ts'an⁵³ 渠话对 tui⁵³ 哩 li⁰
铜 鼓	等 tɛn²¹ 渠话中 tsən⁵¹ 哩 li⁰
大 溪	让ȵiɔŋ⁴³⁵ 渠话到 tau⁵² 嘞 lɛ⁰
太 源	让ȵiɔŋ⁴² 渠讲着 tʃ'oʔ² 啊 a⁰
九 江	被 pei²¹ 渠说到 tau²¹ 咯 lo⁰
赣 州	被 pe²¹² 他讲准 tsuən⁴⁵ 唠 lɔ⁰
白 槎	被 pei³¹² 他说中 tsən³¹² 咯 lo⁰
浮 梁	担 to⁵⁵/得 tai²¹³ 渠话到 tau²¹³ 嘀 ti⁰
婺 源	等 tɔ² 渠讲着 tsʻɔ⁵¹ 之诶 tɕie⁰
上 饶	让ȵiãn²¹ 渠话倒 tɔu⁵² 唠 lɔu⁰
广 丰	等 dæn²¹/撅 iæʔ⁵ 渠话着 dæʔ²³ 啵 pəu⁰
铜 山	互 xɔ²¹ 伊咀 tãn²¹ 着 tiɛ⁵⁵ 咯 lə⁰

（衣服）被烟头烧了一个窟窿（。）

南　昌	笁 tɛn²¹³/驮 t'o²⁴ 烟头烧了 lɛu⁰ 一只洞
修　水	驮 do²⁴ 烟头烧刮 kuæt⁵ 一个洞
湖　口	等 tən³⁴³ 烟头烧嘞 lɛ⁰ 一只洞
鄱　阳	等 tən⁴² 烟头子烧哩 li⁰ 一个洞
铅　山	得 tɛʔ²⁴/撅 iɛʔ²⁴/把 pa⁴⁵ 烟头烧呸 pɣʔ⁰ 一个洞
抚　州	驮 xo²⁴/等 tɛn⁴⁵/着 ts'o²⁵ 烟头子□tɕ'iʔ⁵ 咧 tiɛ⁰ 一个洞
资　溪	驮 xo¹³ 烟头子烧了 tiau⁰ 一个洞
宜　黄	得 tɛʔ² 烟头烧歂 ɛ⁰ 一个洞
丰　城	讨 xau⁴¹ 烟头□læʔ⁵ 落 lɔʔ³² 一个洞
高　安	讨 xau⁴² 烟头烧嘚 tet⁰ 一个洞
新　余	让 ȵioŋ¹² 烟把崽烧泼 p'ə⁵ 一只洞钻
吉　安	等 tɛn⁵³ 烟头烧泼 p'ɵ³³⁴ 一只洞
遂　川	拿 nãn²² 烟头烧嘎 ka⁵⁵ 一只洞
宁　都	等 tən²¹⁴ 烟头烧歂 ɛ⁰ 一个洞
瑞　金	讨 t'ɔ²¹² 烟头□lɣʔ²⁴ 倒 tɔ⁴⁴ 一只洞
于　都	拿 na³¹ 烟头烧了 liɔ³⁵ 一只眼
赣　县	拿 na²⁴ 烟头烧了 liɔ⁰ 一□tiɛʔ³² 眼
南　康	拿 na³³ 烟头烧了 liɔ²¹ 一个洞
龙　南	撅 iaʔ⁴³ 烟头烧了 liau⁵³ 一个□□ləŋ⁵³k'əŋ²⁴
寻　乌	分 pun²⁴ 烟头烧 sau²⁴ 嘞 lɛ⁰ 一只洞
黄　坳	赚 ts'an⁵³ 烟头子烧嘞 lɛ⁰ 一只眼
铜　鼓	等 tɛn²¹ 烟头烧哩 li⁰ 一只眼
大　溪	让 ȵioŋ⁴³⁵ 烟头烧哩 li⁰ 一个洞
太　源	让 ȵioŋ⁴² 烟头烧啊 a⁰ 一个洞
九　江	被 pei²¹ 烟头烧咯 lo⁰ 一个洞
赣　州	被 pe²¹² 烟头□naʔ³ 唠 lɔ⁴⁵ 一个洞
白　槎	被 pei³¹² 烟头烧咯 lo⁰ 一个洞
浮　梁	担 to⁵⁵ 烟头烧嘀 ti⁰ 一个洞
婺　源	等 tɔ̃³⁵ 烟头烧之 tɕi⁰ 一个洞
上　饶	让 ȵiãn²¹ 烟头烧呸 puʔ⁰ 一个洞
广　丰	等 dæn²¹ 烟头烧呣 m⁰ 个来洞
铜　山	互 xɔ²¹ 烟头烧咯 lə⁰□tɕ'ieiʔ² □e²¹ 个洞

（这件事情）**别让他知道**（！）

南　昌	莫 mot² 等 tɛn²¹³/驮 tʰo²⁴/让 n̠ioŋ²¹ 渠晓得
修　水	莫 moɣ⁴² 拿得 naɣ⁴²tɛt⁴² 渠晓得到
湖　口	莫 mo⁴⁴⁵ 等 tən³⁴³ 伊晓得
鄱　阳	不要 pə⁴⁴iau³⁵ 等 tən⁴² 渠晓得
铅　山	不要 piau²¹ 得 tɛʔ²/掇 iɛʔ⁴/把 pa⁴⁵ 渠晓得
抚　州	莫 moʔ⁵ 等 tɛn⁴⁵/着 tsʰoʔ⁵/驮 xo²⁴ 渠晓得
资　溪	莫 moʔ⁵ 让 n̠ioŋ²² 渠晓得
宜　黄	莫 moʔ⁵ 让 n̠ioŋ²² 渠晓得
丰　城	莫 moʔ⁵ 讨 xau⁴¹/让 n̠ioŋ²¹³ 渠晓得
高　安	莫 mok⁵ 讨 xau⁴² 渠晓得
新　余	不要 pəʔ⁵iɛu⁴² 让 n̠ioŋ¹² 渠晓得
吉　安	不要 pu³³⁴iau²¹ 让 loŋ²¹⁴ 渠晓得
遂　川	唔要 ŋ̍²²iɔ⁵⁵ 拿 nãn²² 渠晓得
宁　都	唔□ ŋ̍¹³nau³¹ 让 nɔŋ⁴⁴ 渠晓得
瑞　金	唔要 n̠iɔ⁴² 讨 tʰɔ²¹² 渠晓
于　都	唔要 n̠iɔ³²³ 拿 na³¹ 渠晓得
赣　县	□mue⁵³ 让 n̠iõ⁴⁴ 渠晓得
南　康	唔要 ŋ̍¹¹iɔ⁵³ 拿 na³³ 渠晓得
龙　南	唔爱 mɔi²⁴ 掇 iaʔ⁴³ 渠晓得
寻　乌	唔爱 muei⁵⁵ 让 n̠ioŋ⁵⁵ 渠晓得
黄　坳	莫 mɔk⁵ 分 puən²⁴ 渠知得
铜　鼓	莫 mɔk⁵ 等 tɛn²¹ 渠晓得
大　溪	唔爱 mue⁵² 拿 na⁴³⁵ 渠晓得
太　源	未 muɔi⁴² 让 n̠ioŋ⁴² 渠晓得
九　江	莫 mo⁵³ 让 ʒã²¹ 渠晓得
赣　州	不要 piɔ²¹² 让 iãn²¹² 他晓得
白　槎	莫 mo⁴² 让 zaŋ³¹² 他晓得
浮　梁	不要 piau²¹³ 担 to⁵⁵ 渠省得
婺　源	不要 piɔ³⁵ 等 tɔ³⁵ 渠晓得
上　饶	不要 piou⁴³ 让 n̠iãn²¹ 渠晓得
广　丰	无个 mɣʔ²kɣʔ⁵ 等 dæn²¹/掇 iɛʔ⁵ 渠晓得
铜　山	莫得 bəʔ²tieʔ⁴ 互 xo²¹ 伊晓得

给他一支笔！别给他钱（！）

南 昌	拿 la²⁵ 一只笔到 tau⁴⁵ 渠！不要 pit⁵iɛu⁴⁵ 拿 la²⁵ 钱到 tau⁴⁵ 渠
修 水	拿 naʔ⁴² 支笔得 tɛt⁴² 渠！莫 mɔʔ⁴² 拿 naʔ⁴² 钱得 tɛt⁴² 渠
湖 口	□ma²¹³ 支笔伊 i⁴²！莫 mo²¹³ □ma²¹³ 钱伊 i⁴²
鄱 阳	把 pɒ⁴² 一支笔把 pɒ⁴² 渠！不要 pə⁴⁴iau³⁵ 把 pɒ⁴² 钱把 pɒ⁴² 渠
铅 山	撅 iaʔ⁴/把 pa⁴⁵ 支笔渠哩！不要 piau⁴³ 撅 iaʔ⁴/把 pa⁴⁵ 钱渠哩
抚 州	摆 pai⁴⁵ 一支笔渠！不要 putʔiau⁴¹ 摆 pai⁴⁵ 钱渠
资 溪	摆 pai³⁵ 一支笔摆 pai³⁵ 渠！莫 mɔʔ⁵ 摆 pai³⁵ 钱摆 pai³⁵ 渠
宜 黄	摆 pai⁴⁵³ 一支笔摆 pai⁴⁵³ 渠！莫 mɔʔ⁵ 摆 pai⁴⁵ 钱摆 pai⁴⁵³ 渠
丰 城	拿 laʔ³² 支笔到 tau²¹³ 渠！莫 mɔʔ⁵ 拿 laʔ³²/摆 pai⁴¹ 钱到 tau²¹³ 渠
高 安	拿 lak⁵ 支笔到 tau⁴⁴ 渠！莫 mɔk⁵ 拿 lak⁵ 钱到 tau⁴⁴ 渠
新 余	把 pa²¹³ 支笔渠！不要 pɔʔⁿiɛu⁴¹ 把 pa²¹³ 钱渠
吉 安	拿 na²¹ 一支笔拿 na²¹ 得 tɛ³³⁴ 渠！不要 pu³³⁴iau²¹ 拿 na²¹ 钱得 tɛ³³⁴ 渠
遂 川	拿 nãn²² 一支笔拿 nãn²² 把 pa³¹ 渠！唔要ŋʔiɒ⁵⁵ 拿 nãn²² 钱拿 nãn²² 把 pa³¹ 渠
宁 都	拿 nat⁵ 一支笔得 tən²¹⁴/跟 kən⁴² 渠！唔—ŋ¹³nau³ 拿nat⁵ 票子笁得 tən²¹⁴/跟 kən⁴² 渠
瑞 金	拿 na²¹² 杆笔讨 tɔ²¹² 渠！唔要n̩iɔ⁴² 拿 na²¹² 票子□kan⁴² 渠
于 都	拿 na³¹ 一支笔得 tɛʔ⁵ 渠！唔要n̩iɔ³²³ 拿 na³¹ 票子得 tɛʔ⁵ 渠
赣 县	拿 na²⁴ 一支笔渠！□mue⁵³ 拿 na²⁴ 钱渠
南 康	拿 na³³ 一支笔拿 na³³ 渠！唔要ŋ¹¹iɔ⁵³ 拿 na³³ 钱拿 na³³ 渠
龙 南	□nan²⁴ 一管笔撅 iaʔ⁴³ 渠！唔爱 mɔi²⁴ □nan²⁴ 钱撅 iaʔ⁴³ 渠
寻 乌	撅 iaʔ²¹ 一支笔过 ko⁵⁵ 渠！唔爱 muɐi⁵⁵ 撅 iaʔ²¹ 钱过 ko⁵⁵ 渠
黄 坳	拿 na²⁴ 支笔分 puən²⁴ 渠！莫 mɔk⁵ 拿 na²⁴ 钱分 puən²⁴ 渠
铜 鼓	拿 nak⁵ 支笔得 tɛk³ 渠！莫 mɔk⁵ 拿 nak⁵ 钱得 tɛk³ 渠
大 溪	拿 na⁴³⁵ 支笔渠！唔爱 mue⁵² 拿 na⁴³⁵ 钱渠
太 源	分 pun⁴⁴ 一支笔渠/拿 nan⁴⁴ 一支笔分 pun⁴⁴ 渠！未 muɔi⁴² 分 pun⁴⁴ 钱渠
九 江	给 kei²¹³ 渠一支笔！莫 mo⁵³ 给 kei²¹³ 钱渠/渠钱
赣 州	拿 na⁴² 支笔他/一支笔给 kiɛ⁴⁵ 他！不要 piɔ²¹² 给 kiɛ⁴⁵ 他钱
白 槎	拿 la⁵⁵ 一支笔给 kei⁴² 他！莫 mo⁴² 给 kei⁴² 他钱
浮 梁	担 to⁵⁵ 支笔担 to⁵⁵ 渠！不要 piau²¹³ 担 to⁵⁵ 钱担 to⁵⁵ 渠
婺 源	端 tum⁵⁵ 渠一管笔！不要 piɔ³⁵ 端 tum⁵⁵ 渠钱
上 饶	撅 iɐʔ⁵ 支笔渠人！不要 piou⁴³ 撅 iɐʔ⁵ 钱渠人
广 丰	撅 iæʔ⁵ 支笔渠！无个 myʔ²kyʔ⁵ 撅 iæʔ⁵ 钱渠
铜 山	□tʻue³³ □tɕʰiɐʔ² 支笔互 xɔ²¹ 伊！莫得 bəʔ²tie?⁴□tʻue³³ 钱互 xɔ²¹ 伊

（外婆）给了我压岁钱（。）

南 昌	拿 la$ʔ^5$ 了 lɛu^0 压岁钱到 tau^{45} 我
修 水	拿得 naʔ^{42}tɛt^{42} □tsaʔ^{42} 岁钱得 tɛt^{42} 我
湖 口	□ma^{213} 嘞 lɛ^0 压岁钱我 ŋo^{343}
鄱 阳	把 pɒ^{42} 了 liau^0 压岁钱把 pɒ^{42} 我
铅 山	摵 iɛʔ^4/把 pa^{45} 唠 lau^0 压岁钱把 pa^{45} 阿哩
抚 州	摆 pai^{45} 哩 li^0 □ts'aʔ^2 岁钱我
资 溪	摆 pai^{35} 了 tiau^0 □tsaʔ^3 岁钱阿
宜 黄	摆 pai^{45} 欸 ɛ^0 压岁钱摆 pai^{45} 我/摆 pai^{45} 欸 ɛ^0 我压岁钱
丰 城	拿 laʔ^{32}/摆 pai^{41} 哩 li^0 压岁钱到 tau^{213} 我
高 安	拿 lak^5/把 pa^{42} 得 tɛt^0 压岁钱我
新 余	把 pa^{213} 哩 li^0 压岁钱我
吉 安	把 pa^{53} 哩 li^0 压岁钱得 tɛ^{334} 阿/我
遂 川	拿 nãn^{22} 矣 i^0 压岁钱拿 nãn^{22} 把 pa^{31} 阿
宁 都	拿 nat^5 欸 ɛ^0 压岁钱笘 tən^{214}/跟 kən^{42} 偓
瑞 金	讨 t'ɔ^{212} 哩 li^{44} 压岁票子 □kan^{42} 偓
于 都	拿 na^{31} 哩 li^0 压岁钱得 tɛʔ^5 偓
赣 县	拿 na^{24} 了 liɔ^0 压岁钱偓
南 康	拿 na^{33} 了 liɔ^0 压岁钱拿 na^{33} 偓
龙 南	摵 iaʔ^{43} 分 pun^{24} 偓压岁钱
寻 乌	拿 na^{214} 分 pun^{24} 压岁钱过 ko^{55} 偓
黄 坳	拿 na^{24} 分 puən^{24} 偓压岁钱
铜 鼓	拿 nak^5 哩 li^0 压岁钱得 tɛk^3 偓
大 溪	拿 na^{435} 哩 li^0 压岁钱偓
太 源	拿 nan^{44} 欸 ɛ^0 压岁钱分 pun^{44} 偓
九 江	给 kei^{213} 咯 lo^0 压岁钱给 kei^{213} 我
赣 州	给 kiɛ^{45} 唠 lɔ^{21} 我压岁钱
白 槎	把 pa^{214} 咯 lo^0 压岁钱给 kei^{42} 我
浮 梁	担 to^{55} 嘀 ti^0 压岁钱担 to^{55} 我
婆 源	给 kɔ^{51} 之 tɕi^0 我压岁钱
上 饶	摵 iɛʔ^5 吥 puʔ^0 □k'ɐʔ^4 岁钱阿人
广 丰	摵 iæʔ^5 呣 m̩^{0} □k'æʔ^4 岁钱阿
铜 山	□t'ue^{33} 咯 lə^0 □te^{443} 岁钱互 xɔ^{21} 我

（朋友）借给他一间房间（。）

南 昌	借了 lɛu[0] 一间房间 tau[45] 渠
修 水	借一只房间得 naʔ[42]tɛt[42] 渠
湖 口	借嘞 lɛ[0] 一间房伊
鄱 阳	把 pɒ[42] 哩 li[0] 一间房间借到 tau[0] 把 pɒ[42] 渠
铅 山	借把 pa[45] 渠哩一间房间
抚 州	借摆 pai[45] 渠一间房间/借一间房间摆 pai[45] 渠
资 溪	借一间房间渠
宜 黄	借摆 pai[45] 一间房间摆 pai[45] 渠
丰 城	借（一）只间到 tau[213] 渠
高 安	借得 tɛt[5] 一间房间渠
新 余	借哩 li[0] 一只房嘚把 pa[213] 渠
吉 安	借哩 li[0] 一间房间得 tɛ[334] 渠
遂 川	借把 pa[31] 一间房间拿 nãn[22] 渠
宁 都	借等 tən[214]/跟 kən[42] 渠一只间
瑞 金	借哩 li[44] 一只间□kan[42] 渠
于 都	借哩 li[0] 一间房间得 tɛʔ[5] 渠
赣 县	借了 liɔ[0] 一间房间渠
南 康	借了 liɔ[0] 一只间拿 na[33] 渠
龙 南	借了 liau[53] 一间房间□nan[24] 渠
寻 乌	借嘞 le[0] 一间房屋过 ko[55] 渠
黄 坳	借分 puən[24] 渠一间屋
铜 鼓	借哩 li[0] 一间房屋得 tɛk[3] 渠
大 溪	借哩 li[0] 一个间渠
太 源	借分 pun[44] 渠一个间
九 江	借咯 lo[0] 一间房间给 kei[213] 渠
赣 州	借倒 tɔ[45] 他一间房间
白 槎	借咯 lo[0] 一间房间给 kei[42] 他
浮 梁	借嘀 ti[0] 一眼房担 to[55] 渠
婺 源	借之 tɕi[0] 渠一眼房
上 饶	借呿 puʔ[5] 一个间渠人
广 丰	借啢 m̩[0] 个来间渠
铜 山	借咯 lə[0]□tɕiˈeʔ[2]□tə[21] 间互 xɔ[21] 伊

	（今天）比昨天更热（。）	（他）比我高三公分（。）
南 昌	比 pi^{213} 昨日更 ken^{45} 热	比 pi^{213} 我高三公分
修 水	比 pi^{21} 昨天更 ken^{55} 热	比 pi^{21} 我高三公分
湖 口	比 pi^{343} 昨日还 xai^{211} 热	比 pi^{343} 我高三公分
鄱 阳	比 pi^{42} 昨日还 xai^{24} 热	比 pi^{42} 我猛三公分
铅 山	比 pi^{45} 昨日更 ken^{21} 热	比 pi^{45} 阿哩高三公分/高阿哩三公分
抚 州	比 pi^{45} 昨日还 xai^{24} 热	比 pi^{45} 我长三公分
资 溪	比 pi^{35} 昨日更 ken^{53} 热	比 pi^{35} 阿长三公分
宜 黄	比 pi^{45} 昨日更 ken^{42} 热	比 pi^{45} 我高三公分/高我三公分
丰 城	比 pi^{41} 昨日更 ken^{213} 热 $nie?^{5}$	比 pi^{41} 我高三公分
高 安	比 pi^{42} 昨日还 xai^{213} 热	比 pi^{42} 我高三公分
新 余	比 pi^{213} 昨日越 $io?^{34}$ 热	比 pi^{213} 我高三公分
吉 安	比 pi^{53} 昨日更 ken^{21} 热	比 pi^{53} 阿/我高三公分
遂 川	比 pi^{31} 昨日更 $k\tilde{e}n^{55}$ 要 io^{55} 热	比 pi^{31} 阿高三公分
宁 都	比 pi^{214} 昨日更 kon^{31} 热	比 pi^{214} 偓高三公分/高偓三公分
瑞 金	比 pi^{212} 昨日较 ko^{42} 热	比 pi^{212} 偓较 ko^{42} 高二公分
于 都	比 pi^{35} 昨日更 $k\tilde{e}^{323}$ 滚	比 pi^{35} 偓高三公分/高偓三公分
赣 县	比 pi^{53} 昨日更 kon^{44} 滚	比 pi^{53} 偓高三公分/高偓三公分
南 康	比 pi^{21} 昨日更 $k\tilde{e}^{53}$ 热	比 pi^{21} 偓高三公分/高偓三公分
龙 南	比 pi^{53} 昨哺日更 ken^{44} 热	比 pi^{53} 偓高三公分/高偓三公分
寻 乌	比 pi^{42} 昨哺日较 kau^{55} 热	比 pi^{42} 偓较 kau^{55} 高三公分
黄 坳	比 pi^{31} 昨哺较 ko^{53} 热	比 pi^{31} 偓高三公分
铜 鼓	热 $nie t^{5}$ 过 ko^{51} 昨哺	高过 ko^{51} 偓三公分
大 溪	比 pi^{433} 昨日更 kin^{52} 热	比 pi^{433} 偓高三公分/高偓三公分
太 源	比 pi^{325} 昨哺较 $k'au^{44}$ 热	比 pi^{325} 偓高三公分
九 江	比 pi^{213} 昨天还要 $xai^{44}iau^{21}$ 热	比 pi^{213} 我高三公分
赣 州	比 pi^{45} 昨天更 $k\partial\eta^{212}$ 滚	比 pi^{45} 我高三公分
白 槎	比 pi^{42} 昨天还 xai^{55} 热	比 pi^{42} 我高三公分
浮 梁	比 pi^{31} 昨日还 xo^{24} 要 iau^{213} 热	比 pi^{31} 我长三公分
婺 源	比 pi^{2} 昨日较 ko^{35} 热	比 pi^{2} 我高三公分
上 饶	比 pi^{52} 昨日更 $k\tilde{i}n^{43}$ 热	比 pi^{52} 阿人高三公分/高阿人三公分
广 丰	比 pi^{52} 昨暝更 $kæn^{43}$ 热	比 pi^{52} 阿高三公分/高阿三公分
铜 山	比 pi^{43} 昨日□ $kæ?^{4}$ 热	比 pi^{43} 我悬 kui^{24} 三公分/悬 kui^{24} 我三公分

64

（我）没有他那么傻（。）

南 昌	冇 mau²¹ 渠许 xɛ²¹³ □sɛn⁴⁵／木
修 水	□məŋ²⁴ 渠很 □xɛn²¹n̠ioŋ²² 蠢
湖 口	冇 mau²¹¹ 伊那个 na²¹³ko⁰ 孬
鄱 阳	没有 mə⁴⁴iəu⁴² 渠呢么n̠i²⁴mə⁰ 混
铅 山	无 mu²⁴ 渠哩偌样n̠ian²¹ 木
抚 州	冇有 mau²⁴iu⁴⁵ 渠□样 ɛ³²loŋ³²□n̠iɛn²⁴
资 溪	冇有 mau¹³iu³⁵ 渠唔样n̠³¹ioŋ²²□ŋɛn¹³
宜 黄	□mɔu⁴⁵ 渠伊样 i⁴⁵ioŋ²²□n̠in⁴⁵
丰 城	冇 mau³³ 渠□lɛn³⁵ 崇 suŋ³³
高 安	冇 mau²² 渠□xa⁴⁴ 呆
新 余	冇 mau⁴² 渠□样 xɛ³⁴ioŋ⁰ 蠢
吉 安	冇有 mau²¹iu⁵³ 渠□么 koi²¹mə⁰ 蠢
遂 川	冇 mɒ²¹⁴ 渠□kã³⁵ 蠢
宁 都	冇 mau¹³ 渠□kan²¹⁴ 傻气 sa⁴²tɕʰi³¹
瑞 金	唔ŋ³⁵会 muɛ⁵¹ 渠□kan³⁵□ŋo⁴²
于 都	冇 mɔ⁴⁴ 渠介 ka³²³ 笨
赣 县	冇 mɔ²¹² 渠□kã⁵³ 木
南 康	冇 mɔ¹¹ 渠□么 kã³³mə⁰ 笨
龙 南	冇 mau³¹² 渠解 kai⁴⁴ 木
寻 乌	冇 mau²¹⁴ 渠□kan⁴² 蠢
黄 坳	冇 mau²¹² 渠□kan³¹ 蠢
铜 鼓	冇 mau¹³ 渠解 kai²¹ 蠢
大 溪	□man²¹³ 渠□kan⁴³³ 木
太 源	冇 mau²¹² 渠唔样ŋ³⁵iɔŋ⁴² 木
九 江	冇 mau²¹ 渠唔么 ŋ²¹mo⁰ 憨
赣 州	没有 miu⁴⁵ 他□么 ka²¹²mɤʔ⁰ 笨
白 槎	没得 mei³¹²tɛ⁰ 他那样 la³¹²iaŋ³¹² 傻
浮 梁	冇 mau²⁴ 渠□ n̠ia³¹□ŋau³³
婺 源	无 bə¹¹ 渠□ŋ³⁵ 痴
上 饶	没有 miu²³¹ 渠偌样n̠iãn⁵²□dzie²¹²
广 丰	无 muɤ⁵² 渠□ãn⁵² 呆
铜 山	无 bɔ²¹ 伊□xua⁴³ 呆

大路和小路差不多远（。）

南 昌	大路跟 kiɛn⁴² 小路差不多（子）tsʻa⁴²pit⁵to⁴²（tsʅ⁰）远
修 水	大路跟 kiɛn³⁴ 小路差不多 dza³⁴pət⁴²to³⁴ 远
湖 口	大路跟 kən⁴² 细路远近差不多 dza⁴²pu⁴⁵⁵to⁴² 得 tɛ⁰
鄱 阳	大路跟 kən²¹ 小路差不多子 tsʻɒ²¹pə⁴⁴to²¹tsʅ⁰ 远
铅 山	大路跟 ken³³ 小路差不多 tsʻa³³pvʔ⁴to³³ 远
抚 州	大路跟 kɛn³² 小路差不多 tsʻa³²put²to³² 远
资 溪	大路摎 lɛu³⁵ 小路差不多 tʻa³¹pit³to³¹ 远
宜 黄	大路和 uo⁴⁵ 小路差不多 tsʻa³³put²to³³ 远
丰 城	大路跟 kiɛn³⁵ 小路差不多 tsʻa³⁵pɿ³²to³⁵ 哩 li⁰ 远
高 安	大路跟 kĭɛn³⁵ 小路差不多 tsʻa³⁵pit⁵to³⁵ 远
新 余	大路跟 kiɛn⁴⁵ 小路差不多 tsʻa⁴⁵pə⁵to⁴⁵ 远
吉 安	大路跟 kiɛn³³⁴ 小路差不多 tsʻa³³⁴pu³³⁴to³³⁴ 远
遂 川	大路跟 kiɛ̃n⁵³ 细路差唔多tsʻa⁵³n̩²²to⁵³ 得 tɛ⁰ 远
宁 都	大路跟 kən⁴² 细路差唔多 tsʻa⁴²n̩¹³to⁴² 远
瑞 金	大路□kan⁴² 细路差不多 tsa⁴⁴piʔ²to⁴⁴ 远
于 都	大路摎 lɔ³¹ 细路差不多子 tsʻa³¹pu²⁵⁴tv³¹tsʅ⁰ 远
赣 县	大路摎 lɔ²⁴ 细路差唔多□子 tsʻa²⁴n̩²¹²təu²⁴□sʅ⁴⁴tsʅ⁰ 远
南 康	大路同 tʻən¹¹/摎 lɔ²⁴ 细路差唔多 tsʻa³³n̩¹¹to³³ 远
龙 南	大路摎 lau²⁴ 小路差唔多 tsʻa²⁴m̩³¹²tʊ²⁴ 远
寻 乌	大路摎 lau²¹⁴ 细路差唔多 tsʻa²⁴n̩²¹⁴to²⁴ 远
黄 坳	大路摎 lau²¹² 小路差 tsʻa²⁴ 儿多 ki³¹tɔ²⁴ 远唔 m̩²¹² 到 tau⁵³
铜 鼓	大路同 tʻən¹³ 小路差唔得 tsʻa²¹⁴n̩¹³tɛk³ 儿 tɕi²¹ 远
大 溪	大路跟 kɯn³³ 小路差唔多 tsʻa³³n̩²¹³to³³ 远
太 源	大路摎 ləu²¹² 细路差唔多 tsʻa⁴⁴n̩²¹²to⁴⁴ 远
九 江	大路跟 kən³¹ 小路差不了 tsʻɒ³¹pu⁵³liau²¹³ 儿 tɕi²¹³ 远
赣 州	大路和 xo⁴² 小路差不多 tsʻa³³pvʔ³to³³ 远
白 槎	大路和 xo³¹² 小路差不多 tsʻa⁴²pu⁴²to⁴² 远
浮 梁	大路跟 ken⁵⁵ 细路差不多 tsʻo⁵⁵pai²¹³to⁵⁵ 远
婺 源	大路□xã⁵⁵ 细路差不多 tsʻo⁵⁵pu⁵¹tø⁵⁵ 远
上 饶	大路跟 kĭn⁴⁴ 小路差不多 tsʻa⁴⁴pu⁵to⁴⁴ 远
广 丰	大路跟 kæ̃n⁴⁴ 小路上下 dziãn²⁴xo²⁴/差唔多 tsʻa⁴⁴m̩⁰to⁴⁴□xoŋ⁵²
铜 山	大路甲 kæʔ⁴ 小路差不多 tsʻa³³pə⁴ʔto³³□xŋ⁵⁵

（这种颜色）和那种不一样（。）

南　昌	跟 kiɛn⁴² 许 xɛ²¹³ 种不 pit⁵ 一样
修　水	跟 kiɛn³⁴ □xɛn²¹ 种不 pət⁴² 一样
湖　口	跟 kən⁴² 唔 ŋ̍³⁴³ 种不 pu⁴⁵⁵ 一样
鄱　阳	跟 kən²¹ 呢n̩.i²⁴ 种不 pɔ⁴⁴ 一样
铅　山	跟 ken³³ 唔ŋ̍²¹ 种不 pɤʔ⁴ 一样
抚　州	跟 kɛn³² □ɛ³² 种不 put³ 一样
资　溪	撩 lɛu³⁵ 唔ŋ̍³¹ 样不 pit³ 一样
宜　黄	和 uo⁴⁵ 伊i⁴⁵ 种不 put² 一样
丰　城	跟 kiɛn³⁵ □xei²⁴ 种不 pɿʔ³² 一样
高　安	跟 kiɛn³⁵ □xai²¹³ 种不 pit⁵ 一样
新　余	跟 kiɛn⁴⁵ □xɛ³⁴ 种不 pɔʔ⁵ 一样
吉　安	跟 kiɛn³³⁴ 许 xɛ²¹ 种不 pu³³⁴ 一样
遂　川	跟 kĩɛn⁵³ 介 kæ³⁵ 种唔ŋ̍²² 一样
宁　都	跟 kən⁴² 底 ti²¹⁴ 种唔ŋ̍¹³ 同
瑞　金	□kan⁴² 该 kiɛ²¹² 种唔ŋ̍⁴⁴ 一样
于　都	撩 lɔ³¹ 介 kæ³²³ 种唔ŋ̍⁴⁴ 同
赣　县	撩 lɔ²⁴ □mi⁴⁴ □çi²¹² 唔ŋ̍²¹² 一样
南　康	同 tˢən¹¹/撩 lɔ²⁴ □nie³³ 种唔ŋ̍¹¹ 同
龙　南	撩 lau²⁴ □nen⁴⁴ 种唔 m̩³¹² 一样
寻　乌	撩 lau²¹⁴ 改 kai⁴² 种唔 ŋ̍²¹⁴ 同 tˢuŋ²¹⁴
黄　坳	跟 kiɛn²⁴ □xɛ²⁴ 种唔 m̩²¹² 同
铜　鼓	同 tˢən¹³ 解 kai²¹ 种唔 ŋ̍¹³ 一样
大　溪	跟 kɪn³³ □kɛ⁴³³ 种唔 ŋ̍²¹³ 一样
太　源	撩 lɛu²¹² 唔 ŋ̍³²⁵ 种唔 m̩²¹² 一样
九　江	跟 kən³¹ □uei²¹ 个不 pu⁵³ 一样
赣　州	和 xo⁴² 那 na²¹² 种不 pɤʔ³ 一样
白　槎	和 xo⁵⁵ 那 la³¹² 种不 pu⁴² 同
浮　梁	跟 kɛn³³ 唔ŋ̍⁵⁵ 种不 pai²¹³ 同
婺　源	□xã⁵⁵ □mĩ³⁵ 者 tsɔ⁵¹ 不 pu⁵¹ 一样
上　饶	跟 kĩn⁴⁴ □muʔ⁵ 种不 puʔ⁵ 一样
广　丰	跟 kæ̃n⁴⁴ 许 xɤʔ⁵ 样弗 fɤʔ² 共
铜　山	甲 kæʔ⁴ 许 xɯ⁴⁴³ 种无 bɔ²¹ 共

	（你）是学生吗（？）	（你）要哪一件呢（？）
南 昌	是 φi^{21} 学生啵 poΩ^0	要 $i\varepsilon u^{45}$ 哪 la^{213} 一件啰 lo^0
修 水	是 sη^{22} 学生啵 po^0	要 iau^{55} 哪 lɔ^{21} 一件呢 nɛ^0
湖 口	是 sη^{213} 学生啵 po^{42}	要 iau^{213} 哪 na^{343} 一件
鄱 阳	是 sη^{21} 学生子啵 po^0	要 iau^{35} 何 xo^{24} 一件喏 no^0
铅 山	是 sη^{33} 学生吧 pa^0	要 iau^{21} 哪 na^{45} 一件
抚 州	是 φi^{212} 学生啵 po^0	要 iau^{41} □xoi^{24} 件哟 io^0
资 溪	是 φi^{22} 学生么 mo^0	要 iau^{53} □xoi^{13} 件呢 nɛ^0
宜 黄	是 φi^{42} 学生么 mo^0	要 iau^{42} 何一 xai^{45} 件
丰 城	是 sη^{213} 学生吗 ma^0	要 iɛu^{213} □xei^{33} 件啊 a^0
高 安	是 sɵ^{22} 学生么 mo^0	要 iɛu^{44} □xɔi^{213} 件嘞 lɛ^0
新 余	是 φi^{12} 学生么 mo^0	要 iɛu^{42} 哪 lai^{213} 件
吉 安	是 sη^{214} 学生么 mo^0/啵 po^0	要 iau^{214} 哪 na^{53} 一件呢 nɛ^0
遂 川	是 $\varphi i e^{35}$ 学生吗 ma^0	要哪一 næ^{31} 件呢 nɛ^0
宁 都	系 xɛi^{44} □maŋ^{44} 系 xɛi^{44} 学生	要 iau^{44} 哪 na^{214} 一件
瑞 金	□tɕi^{44} 系 xe^{51} 学生	要 iɔ^{42} □ŋɛ^{212} 一样
于 都	系 xe^{42} 学生	要 iɔ^{323} 哪 næ^{42} 一件
赣 县	系 xe^{44} 唔ŋ^{212}xe^{44} 学生	要 iɔ^{44} 哪 næ^{53} 一件
南 康	可 k‘æ^{21} 系 xe^{53} 学生	要 iɔ^{53} 哪 næ^{21} 一件
龙 南	系 xe^{24} 学生吗 ma^0	爱 ɔi^{44} 哪 nai^{22} 一件耶 ie^0
寻 乌	系 xie^{55} 唔ŋ^{214}xie^{55} 学生	爱 ŋuɐi^{55} 呢 n̩i^{42} 一件
黄 坳	系 xɛ^{53} 唎系 mɛ^0 学生	爱 ɔi^{53} 哪 nai^{31} 一件
铜 鼓	系 xɛ^{51} 学生么 mɛ^4	爱 ɔi^{51} 哪 na^{21} 一种呢 nɛ^0
大 溪	系 xɛ^{435} 学生吧 pa^0	爱 uɛ^{52} 呢 ni^{433} 一件
太 源	是 sη^{42} 学生吗 ma^0	爱 uɔi^{44} 若 lɔΩ^2 一样
九 江	是 şη^{21} 学生啵 po^0	要 iau^{21} 哪 lɒ^{213} 一件
赣 州	可 k‘ɤΩ^3 是 sη^{212} 学生	要 iɔ^{212} 哪 na^{45} 一件
白 槎	是 şη^{312} 学生啵 po^0	要 iau^{312} 哪 la^{214} 一件
浮 梁	是 φi^{33} 学生啵 po^0	要 iau^{213} 何 xe^{24} 一件
婺 源	是 φi^{31} 学生伐 va^0	要 iɔ^{35} 何 xɵ^{11} 一件
上 饶	是 φi^{231} 学生□ɾɐʊΩ^0	要 uɔi^{43} 哪 na^{231} 一件
广 丰	是 dʑi^{24} 学生唛 mæΩ^0	□sɐu^{24} □ts‘ai^{52} 个件
铜 山	是 φi^{21} 学生□me^0	卜 bo^{443} 底 ti^{21} □tɕieΩ^2 件

（明天你）去北京不去（？）——（我）不去（。）

南　昌	到北京去啵 po⁰——不 pit⁵ 去
修　水	去北京啵 po⁰——不 pət⁴² 去
湖　口	到北京去啵 po⁴²——不 pu⁴⁵⁵ 去
鄱　阳	到北京去啵 po⁰——不 pə⁴⁴ 去
铅　山	去北京呗 pɛ⁰——不 pɤʔ⁴ 去
抚　州	去不 put² 去北京/到北京去啵 po⁰——不 put² 去
资　溪	去不 pit³ 去北京——不 pit³ 去
宜　黄	去不 put² 去北京/去北京么 mo⁰——不 put² 去
丰　城	去不 pɿʔ³² 去北京——不 pɿʔ³² 去
高　安	去北京□mɛ⁰——不 pit⁵ 去
新　余	去不 pəʔ⁵ 去北京——不 pəʔ⁵ 去
吉　安	去北京啵 po⁰——不 pu³³⁴ 去
遂　川	去北京吗 ma⁰——唔 ŋ̩²² 去
宁　都	去唔 ŋ̩¹³ 去北京——唔 ŋ̩¹³ 去
瑞　金	□tɕi⁴⁴ 去北京?——□nan⁴⁴ 去
于　都	去 ɕiɣ⁵⁴ 去 ɕiɣ³²³ 北京——唔 ŋ̩⁴⁴ 去
赣　县	可 kʰæ⁵³ 去北京——唔 ŋ̩²¹² 去
南　康	可 kʰæ²¹ 会 væ⁵³ 去北京——唔 ŋ̩¹¹ 去
龙　南	去唔 m̩³¹² 去北京——嗬 m̩³¹² 去
寻　乌	□iuŋ⁴² 唔 ŋ̩²¹⁴ 去北京——唔 ŋ̩²¹⁴ 去
黄　坳	去北京嗬 m̩²¹² 去——嗬 m̩²¹² 去
铜　鼓	去唔 ŋ̩¹³ 去北京——唔 ŋ̩¹³ 去
大　溪	去北京呗 pɛ⁰——唔 ŋ̩²¹³ 去
太　源	去嗬 m̩²¹² 去北京——嗬 m̩²¹² 去
九　江	到北京去啵 po⁰——不 pu⁵³ 去
赣　州	可 kʰɤʔ³ 去北京——不 pɤʔ³ 去
白　槎	去北京吧 pa⁰——不 pu⁴² 去
浮　梁	到北京去啵 po⁰——不 pai²¹³ 去
婺　源	到北京去不 pu⁵¹ 去——不 pu⁵¹ 去
上　饶	去北京呗 pe⁵²——不 puʔ⁴ 去
广　丰	去北京唛 mæʔ⁰——弗 fɤʔ² 去
铜　山	去北京□me⁰——嗬 m̩²¹ 去

（他明天还去北京不去？——他）不去了。
（他明天还是不去北京吗？——他）要去了（。）

南 昌	不 pit⁵ 去了 lɛu⁰。要 iɛu⁴⁵ 去了 lɛu⁰
修 水	不 pət⁴² 去了 tau⁰。要 iɛu⁵⁵ 去了 tau⁰
湖 口	不 pu⁴⁵⁵ 去嘞 lɛ⁰。要 iau²¹³ 去嘞 lɛ⁰
鄱 阳	不 pə⁴⁴ 去唎 lie⁰。要 iau³⁵ 去唎 lie⁰
铅 山	不 pɤʔ⁴ 去唠 lau⁰。要 iau²¹ 去唠 lau⁰
抚 州	不 put² 去哩 li⁰。要 iau⁴¹ 去哩 li⁰
资 溪	不 pɨt³ 去了 tiau⁰。要 iau⁵³ 去了 tiau⁰
宜 黄	不 puɤ² 去欸 ɛ⁰。要 iau⁴² 去欸 ɛ⁰
丰 城	不 pɪʔ³² 去哩 li⁰。要 iɛu²¹³ 去哩 li⁰
高 安	不 pit⁵ 去嘚 tɛt⁰。要 iɛu⁴⁴ 去嘚 tɛt⁰
新 余	不 pə ʔ⁵ 去哩 li⁰。要 iɛu⁴² 去哩 li⁰
吉 安	不 pu³³⁴ 去哩 li⁰。要 iau²¹⁴ 去哩 li⁰
遂 川	唔ŋ̍²² 去矣 i⁰。要 iɒ⁵⁵ 去矣 i⁰
宁 都	唔n̩¹³ 去□ɕiɛ⁰。要 iau³¹ 去□ɕiɛ⁰
瑞 金	□nan⁴⁴ 去咻 ɕiu⁴⁴。要 iɔ⁴² 去咻 ɕiu⁴⁴
于 都	唔ŋ̍⁴⁴ 去□leu⁰。要 iɔ³²³ 去□leu⁰
赣 县	唔n̩²¹² 去了 liɔ⁰。要 iɔ⁴⁴ 去了 liɔ⁰
南 康	唔ŋ̍¹¹ 去啦 la⁰。要 iə⁵³ 去啦 la⁰
龙 南	呣 m̩³¹² 去□ɕi⁰。爱 iɔ⁴⁴ 去□ɕi⁰
寻 乌	唔 ŋ̍²¹⁴ 去嘞 le⁰。爱 ŋuɐi⁵⁵ 去嘞 le⁰
黄 坳	呣 m̩²¹² 去哩 li⁰。爱 iɔ⁵³ 去哩 li⁰
铜 鼓	唔n̩¹³ 去哩 li⁰。爱ɔi⁵¹ 去哩 li⁰
大 溪	唔ŋ̍²¹³ 去嘞 lɛ⁰。爱 uɛ⁵² 去嘞 lɛ⁰
太 源	呣 m̩²¹² 去哇 ua⁰。爱 uɔi⁴⁴ 去哇 ua⁰
九 江	不 pu⁵³ 去咯 lo⁰。要 iau²¹ 去咯 lo⁰
赣 州	不 pɤʔ³ 去唠 lɔ⁰。要 iɔ²¹² 去唠 lɔ⁰
白 槎	不 pu⁴² 去咯 lo⁰。要 iau³¹² 去咯 lo⁰
浮 梁	不 pai²¹³ 去嘀 ti⁰。要 iau²¹³ 去嘀 ti⁰
婺 源	不 pu⁵¹ 去啦 la⁰。嬲 iɔ³³ 去啦 la⁰
上 饶	不 puʔ⁵ 去唠 lɔuɪ⁵²。要 iuɛi⁴³ 去唠 lɔuɪ⁵²
广 丰	弗 fɤʔ² 去啵 pəuɪ⁵²。□sɑu²⁴ 去啵 pəuɪ⁵²
铜 山	呣 m̩²¹ 去咯 lə⁰。卜 bo⁴⁴³ 去咯 lə⁰

（上星期你）去了北京没有（？）——（我）去了。（我）没去。

南昌	到了 lɛu^0 北京去啵 po^0——去了 lɛu^0。冇 mau^{21} 去。
修水	去了 tau^0 北京□mən^{24}——去了 tau^0。□mən^{24} 去。
湖口	到北京去么 mo^0——去了 lɛ^0。冇 mau^{211} 去。
鄱阳	到北京去哩 li^0 啵 po^0——去咧 lie^0。冇 mau^{24} 去
铅山	去唠 lau^0 北京呗 pɛ^0——去唠 lau^0。无 mu^{24} 去
抚州	去哩 li^0 北京啵 po^0——去哩 li^0。冇 mau^{24} 去
资溪	去冇 mau^{13} 去北京——去了 tiau^0。冇 mau^{13} 去。
宜黄	去欸 ɛ^0 北京么 mo^0——去欸 ɛ^0。冇 mɔu^{45} 去。
丰城	到北京冇 mau^{33}——去哩 li^0/到 tau^{213}。冇 mau^{33} 去。
高安	去嘚 tɛt^5 北京□mɛ^0——去嘚 tɛt^5。冇 mau^{213} 去。
新余	去哩 li^0 北京冇 mau^{42} 哦o^0——去哩 li^0。冇 mau^{42} 去。
吉安	去哩 li^0 北京啵 po^0——去哩 li^0。冇 mau^{21} 去。
遂川	去矣 i^0 北京吗 ma^0——去矣 i^0。唔ŋ̍^{22}□tẽn^{22} 去。
宁都	去欸 ɛ^0 北京冇 mau^{12}——去欸 ɛ^0。冇 mau^{12} 去。
瑞金	□tɕi^{44} 曾 tʰen^{44} 去北京——去哩 li^{44}。唔曾 ŋ̍^{42}tʰen^{44} 去。
于都	冇 ieu^{31} 去北京——去哩 li^0。冇 mau^{44}/唔曾 ŋ̍^{44}tsʰẽ^{44} 去。
赣县	可 kʰæ^{53}□na^{212} 去北京——去了 liɔ^0。冇 mɔ^{212}/唔ŋ̍^{212}□na^{212} 去。
南康	可 kʰæ^{21}□nẽ^0 去北京——去啦 la^0。唔□ŋ̍^{11}nẽ^{11} 去。
龙南	□a^{44} 唔曾 m̩^{312}tɕʰien^{312} 去北京——去□ia^0。嗯曾 m̩^{312}tɕʰien^{312} 去。
寻乌	去嘞 le^0 吗 mai^0——去嘞 le^0。唔曾 ŋ̍^{214}tɕʰin^{214} 去.
黄坳	去嘞 lɛ^0 北京冇 mau^{212}——去哩 li^0。冇 mau^{212} 去。
铜鼓	去哩 li^0 北京冇 mau^{21}——去哩 li^0。冇 mau^{21} 去。
大溪	去哩 li^0 北京呗 pɛ^0——去嘞 lɛ^0。□man^{213} 去。
太源	去哇 ua^0 北京未 muɔi^{42}——去哇 ua^0。未 muɔi^{42} 去
九江	去北京咯 lo^0 呗 pei^0——去咯 lo^0。冇 mau^{21} 去。
赣州	可有 kʰiu^{45} 去北京——去唠 lɔ^0。没有 miu^{45} 去。
白槎	到北京去没 mei^{214}——去咯 lo^0。没 mei^{214} 去。
浮梁	到去北京不 pai^{215} 咯 lo^0——去嘀 ti^0。冇 mau^{24} 去
婺源	去北京□pɔ̃^{35}——去啦 la^0。□pɔ̃^{11} 去
上饶	去呸 puʔ^5 北京呗 pe^{52}——去唠 lou^{52}。嗯没 m̩^{21}mɐʔ^{23} 去
广丰	去嗯 m̩^{0} 北京唛 mæʔ^0——去啵 pəu^{52}。无 mɣʔ^2 去
铜山	去咯 lə^0 北京□me^0——去咯 lə^0。无 bɔ^{21} 去

（这件事他）知道**不**知道（？）

南 昌	晓得啵 po^0
修 水	晓不 pət^{42} 晓得
湖 口	晓得啵 po^0
鄱 阳	晓得不 pə^{44} 晓得
铅 山	晓得呗 pɛ^0/晓得不 pɣʔ^2 晓得
抚 州	晓得啵 po^0
资 溪	晓得不 pit^3 晓得
宜 黄	晓得不 put^2 晓得/晓得么 mo^0
丰 城	晓不 pɿʔ^{32} 晓得
高 安	晓不 pit^5 晓得
新 余	晓不 pəʔ^5 晓得
吉 安	晓得啵 po^0
遂 川	晓得吗 ma^0
宁 都	晓得唔ŋ̍^{13} 晓得
瑞 金	□tɕi^{44} 晓得
于 都	晓ɕio^{55} 晓ɕio^{35} 得
赣 县	可 kʻæ^{53} 晓得
南 康	可 kʻæ^{21} 晓得
龙 南	□a^{44} 唔m̩^{312} 晓得
寻 乌	□iuŋ^{42} 晓得
黄 坳	知唔m̩^{212} 知得
铜 鼓	晓得唔ŋ̍^{13} 晓得/晓唔ŋ̍^{13} 晓得
大 溪	晓得呗 pɛ^0/晓得唔ŋ̍^{213} 晓得
太 源	晓唔m̩^{212} 晓得
九 江	晓得啵 po^0
赣 州	可 kʻɣʔ^3 晓得
白 槎	晓得吧 pa^0
浮 梁	省得啵 po^0
婺 源	晓得不 pu^{51} 晓得
上 饶	晓得呗 pɛ^{52}/晓得不 pu^{24} 晓得
广 丰	晓得唛 mæʔ^0/晓得弗 fɣʔ^2 晓得
铜 山	晓得□me^0/晓得呒会 bue^{21} 晓得

73

（你）喜欢红的还是喜欢蓝的（？）

南 昌	喜欢红个 ko⁰ 还是 xai²⁴ɕi²¹ 喜欢蓝个 ko⁰
修 水	喜欢红个 ko⁰ 还是 xai²⁴sɿ²² 喜欢蓝个 kɔ⁰
湖 口	喜欢红的 ti⁰ 还是 xai²¹¹sɿ²¹³ 喜欢蓝的 ti⁰ 哟 io²¹³
鄱 阳	欢喜红个 ko⁰ 还是 xai²⁴sɿ²¹ 欢喜蓝个 ko⁰
铅 山	欢喜红个 ko⁰ 还是 xai²⁴sɿ³³ 欢喜蓝个 ko⁰
抚 州	喜欢红个 ko⁴¹ 还是 xai²⁴ɕi²¹² 喜欢蓝个 ko⁴¹
资 溪	喜欢红个 ko⁰ 还是 xai¹³ɕi²² 喜欢蓝个 ko⁰
宜 黄	喜欢红个 ko⁴² 还是 xai⁴⁵ɕi⁴² 喜欢蓝个 ko⁴²
丰 城	欢迎红个 ko⁰ 还是 xa³³sɿ²¹³ 欢迎蓝个 ko⁰
高 安	欢喜红个 ko⁰ 还是 xai²¹³se²² 欢喜蓝个 ko⁰ 嘞 lɛ⁰
新 余	喜欢红个 ko⁰ 还是 xai⁴²ɕi¹² 喜欢蓝个 ko⁰ 哦 o⁰
吉 安	喜欢红个 ko⁰ 还是 xai²¹sɿ²¹⁴ 喜欢蓝个 ko⁰
遂 川	喜欢红个 kɛ⁰ 还是 xai²²sɿ³⁵ 喜欢蓝个 kɛ⁰ 嘞 lɛ⁰
宁 都	喜欢红 kɛ⁰ 还是 fai¹³sɿ⁴⁴ 喜欢蓝 kɛ⁰
瑞 金	欢喜红个 ke⁴² 啊 a⁰ 欢喜蓝个 ke⁴²
于 都	喜欢红个 kæ⁰ 还是 xæ⁴⁴sɿ⁴² 喜欢蓝个 kæ⁰
赣 县	喜欢红个 kæ⁰ 还系 xæ²¹²xe⁴⁴ 喜欢蓝个 kæ⁰
南 康	欢喜红个 kæ⁰ 还系 xæ¹¹xe⁵³ 欢喜蓝个 kæ⁰
龙 南	欢喜红个 ke⁴⁴□iaʔ⁴³ 欢喜蓝个 ke⁴⁴
寻 乌	喜欢红个 ke⁰ 还系 xai²¹⁴xie⁵⁵ 喜欢蓝个 ke⁰
黄 坳	喜欢红个 ko⁰ 还是 xai²¹²sɿ⁵³ 蓝个 ko⁰
铜 鼓	欢喜红个 ki⁰ 还系 xai¹³xe⁵¹ 欢喜蓝个 ki⁰
大 溪	喜欢红个 kɛ⁰□是 ɐʔ⁵tsɿ⁴³⁵ 喜欢蓝个 kɛ⁰
太 源	喜欢红个 kɛ⁰ 还是 xan²¹²sɿ⁴² 喜欢蓝个 kɛ⁰
九 江	喜欢红的 ti⁰ 还是 xai⁴⁴sɿ²¹ 喜欢蓝的 ti⁰
赣 州	喜欢红的 ti⁰ 还 xæ⁴²sɿ²¹² 喜欢蓝的 ti⁰
白 槎	喜欢红的 ti⁰ 还是 xai⁵⁵sɿ³¹² 喜欢蓝的 ti⁰
浮 梁	喜欢红个 kɛ⁰ 还是 xo²⁴ɕi³³ 喜欢蓝个 kɛ⁰
婺 源	欢喜红个 ke⁰ 还是 ɔ¹¹ɕi³¹ 欢喜蓝个 ke⁰
上 饶	欢喜红个 kə⁰□是 ɐʔ²ɕi²³¹ 欢喜蓝个 kə⁰
广 丰	欢喜红个 kɣ⁰□是 æʔ²dʑi⁰ 欢喜蓝个 kɣ⁰
铜 山	欢喜红个 e⁰□是 æʔ²ɕi²¹ 欢喜蓝个 e⁰

（你路熟，你）前面走（。）

南 昌	到 tau⁴⁵ 前头 tɕ'iɛn²⁴t'ɐu⁰ 走
修 水	到 tau⁵⁵ 前底 dʑiɛn²⁴ti²¹ 走
湖 口	在 dzai²¹³ 前里 dʑiɛn²¹¹li³⁴³ 走／走前里 dʑiɛn²¹¹li³⁴³
鄱 阳	走得 tə⁰ 前头 tɕ'iɛn²⁴t'əu⁰
铅 山	走前底 tɕ'iɛn²⁴ti⁴⁵
抚 州	走前头 tɕ'iɛn²⁴xɛu²⁴
资 溪	走前头 tɕ'iɛn¹³xɛu¹³
宜 黄	走前头 tɕ'iɛn⁴⁵xɛu⁴⁵
丰 城	走面前 miɛn²¹³tɕ'iɛn³³
高 安	走前头 tɕ'iɛn²¹³t'ɐu⁰
新 余	走面前 miɛn⁴²tɕ'iɛn⁰
吉 安	走前头 tɕ'iɛn²¹t'ɐu⁰
遂 川	走前头 tɕ'ĩɛn²²t'iə²²
宁 都	行前高 tɕ'iɛn¹³kau⁴²
瑞 金	□eʔ⁴ 面前 miɛn⁴²tɕ'iɛn³⁵ 行 xaŋ³⁵
于 都	行 xã⁴⁴ 前头 tɕ'ĩ⁴⁴t'ieu⁴⁴
赣 县	走前头 tɕ'ɤ²¹²t'e²¹²
南 康	走前头 tɕ'ĩ¹¹t'ɛ¹¹
龙 南	走前面 tɕ'iain³¹²miain²²
寻 乌	行前头 tɕ'iɛn²¹⁴t'iu²¹⁴
黄 坳	前 ts'ɛn²¹² 行 xaŋ²¹²
铜 鼓	走向前 ɕioŋ⁵¹tɕ'iɛn¹³
大 溪	前头 tɕ'iɛn²¹³t'ɛ²¹³ 走
太 源	前头 ts'an²¹²t'əu⁰ 行／打先 taŋ³²⁵san⁴⁴ 行
九 江	走前头 tɕ'iɛn⁴⁴t'əu⁰
赣 州	走前头 tɕ'ĩn⁴²t'ieu⁰
白 槎	在 tsai³¹² 前头 tɕ'ian⁵⁵t'əu⁰ 走／带 tai³¹² 头 t'əu⁰ 走
浮 梁	向 ɕia²¹³ 前 tɕ'i²⁴
婺 源	到前头 tɕ'i¹¹t'a¹¹ 走
上 饶	走前底 dʑiɛ̃⁴²ti⁵²
广 丰	走 □suɐi²³¹
铜 山	走头前 t'au²¹tsuĩ²⁴

	75	76
	先喝酒（，后吃饭。）	（我）去过三回北京（。）
南　昌	（先 ɕien⁴²）喫酒起 tɕʰi²¹³	到北京去过 kuo⁴⁵ 三回
修　水	（先 ɕien³⁴）喫酒起 dzi²¹	去过 kuo⁵⁵ 三次北京
湖　口	（先 ɕien⁴²）喝酒起 dzi³⁴³	到过 ko⁴⁵⁵ 三回北京
鄱　阳	（先 ɕiẽn²¹）喫酒起 tɕʰi⁴²	到北京去过 ko³⁵ 三回
铅　山	（先 ɕien³³）喫酒起 tɕʰi⁴⁵	去着 tsʰaʔ⁴ 三回北京
抚　州	（先 ɕien³²）喫酒起 tɕʰi⁴⁵	去过 kuo⁴¹ 北京三回/三回北京
资　溪	（先 ɕien³¹）喫酒起 tɕʰi³⁵	去过 kuo⁵³ 三转北京
宜　黄	（先 ɕien³³）喫酒起 tɕʰi¹⁵³	去过 kuo⁴² 三次北京。
丰　城	（先 ɕien³⁵）喫酒起 tɕʰi⁴¹	到过 kuo²¹³ 三回北京
高　安	（先 sien³⁵）喫酒起 ɕi⁴²	去过 kuo⁴⁴ 三转北京
新　余	（先 sɛn⁴⁵）喫酒起 tɕʰi²¹³	去过 kuo⁴² 三到北京
吉　安	先 ɕien³³⁴ 喫酒	去过 ko²¹ 三趟北京
遂　川	先 ɕiẽn⁵³ 喫酒	去过 ko⁵⁵ 北京三回
宁　都	食酒先 ɕien⁴²	去过 ko³¹ 北京三回
瑞　金	（先 ɕien⁴⁴）食酒起 tɕʰi²¹²	去过 ko⁴² 三回北京
于　都	先 sɿ³¹ 食酒	去过 k ɣ³²³ 三回北京
赣　县	先 ɕi²⁴ 食酒	去了 liə⁰/过 kəu⁴⁴ 三回北京
南　康	先 ɕĩ³³ 食酒	去过 ko⁵³ 三回北京
龙　南	先 ɕien²⁴ 食酒	去过 ku⁴⁴ 三转北京
寻　乌	先 ɕien²⁴ 食酒	去过 ko⁵⁵ 三道北京
黄　坳	先 ɕian²⁴ 食酒	去过 kɔ⁵³ 三到北京
铜　鼓	先 ɕien²¹⁴ 食酒	去过 kɔ⁵¹ 三道/转北京
大　溪	（先 ɕien³³）食酒起 tɕʰi⁴³³	去过 ko⁵² 三回北京
太　源	（先 san⁴⁴）食酒起 ɕi³²⁵	去过 ku⁴⁴ 三次北京
九　江	先 ɕien³¹ 喝酒	去过 ko²¹ 三回北京
赣　州	先 ɕĩn³³ 喫酒	到/去过 ko²¹² 三回北京/北京三回
白　槎	先 ɕian⁴² 喝酒	去过 kuo³¹² 三趟北京
浮　梁	（先 ɕi⁵⁵）喫酒起 tɕʰi³¹	到过 kuo²¹³ 北京三回
婺　源	（先 sɿ⁵⁵）喫酒起 tɕʰi²	去过 ku³⁵ 三次北京
上　饶	（先 ɕiẽn⁴⁴）喫酒起 tɕʰi⁵²	去过 ko⁴³ 三回北京
广　丰	（先 ɕiẽn⁴⁴）咥 tieʔ⁵ 酒起 xi⁵²	去着 dæʔ²³ 三转北京
铜　山	（先 suĩ³³）食 tɕiæʔ² 酒起 kʰi⁴⁴³	去着 tiə⁰/咯 lə⁰ 三过北京

	77	78
	（我们）看屯影去吧（！）	（你刚才干什么去了？——我）去买菜了（。）
南　昌	去看电影啵 po⁰	去买菜了 lɛu⁰
修　水	去看电影	买菜去了 tau⁰
湖　口	去看电影吧 pa⁰	买菜去嘞 lɛ⁰
鄱　阳	去看电影啵 po⁰	买菜去咧 lie⁰
铅　山	去看电影哦 o⁰	去买菜唠 lau⁰
抚　州	去看电影嘞 lɛ⁰	到 tau⁴¹ 买菜去哩 li⁰
资　溪	去看电影	去买菜了 tiau⁰
宜　黄	去看电影	买菜去欸 ɛ⁰/到买菜
丰　城	去看电影嘞 lɛ⁰	到 tau²¹³ 买菜
高　安	去看电影咯 lo⁰	去买菜来 lɔi²¹³
新　余	去看电影吧 pa⁰	去买菜米 lai⁴²
吉　安	看屯影去哇 ua⁰	去买菜哩 li⁰
遂　川	去看电影吧 pa⁰	买菜去矣 i⁰
宁　都	来 lɛi¹³ 去看电影□çiɛ⁰	买菜去欸 ɛ⁰
瑞　金	□eɤ⁴ 去看电影	去买菜啾 çiu⁴⁴
于　都	去看电影哇 va⁰	到 tau³²³ 买菜□ieu⁰
赣　县	去看电影	去买菜了 liɔ⁰
南　康	去看电影吧 pa⁰	去买菜啦 la⁰
龙　南	去看电影	去买菜
寻　乌	去看电影	去买菜来 lʋɐi²¹⁴
黄　坳	去看电影哇 ua⁰	去买菜咯 lɔ⁰
铜　鼓	看电影去吧 pa⁰	去买菜哩 li⁰
大　溪	去望电影噢 o⁰	去买菜嘞 lɛ⁰
太　源	去睇电影	去买菜呀 ia⁰
九　江	看电影去吧 pɒ⁰	去买菜去咯 lo⁰
赣　州	去看电影哇 va⁰	去买菜唠 lɔ⁰
白　槎	看电影去	（去）买菜去咯 lo⁰
浮　梁	去看电影吧 pa⁰	买菜去嘀 ti⁰
婺　源	去看电影吧 paᵁ	去买菜之 tçi⁰
上　饶	去看电影噢ɔu⁵²	去买菜唠 lɔu⁵²
广　丰	去觑电影噢əɯ⁵²	去买菜啵 pəɯ⁵²
铜　山	去看电影噢ə⁰	去买菜咯 lə⁰

	79 （你去哪儿？——我）去南昌（。）	80 （你昨天去哪儿了？——我）去南昌了（。）
南 昌	到南昌去	到南昌去了 lɛu⁰
修 水	去南昌	去南昌了 tau⁰
湖 口	到南昌去	到南昌去嘞 lɛ⁰
鄱 阳	到南昌去	到南昌去咧 lie⁰
铅 山	去南昌/到南昌去	去南昌唠 lau⁰
抚 州	去南昌/到南昌去	到南昌去哩 li⁰
资 溪	去南昌	去南昌了 tiau⁰
宜 黄	去南昌	到南昌
丰 城	去南昌/到南昌去	到南昌
高 安	去南昌	去唧 tɛt⁰ 南昌
新 余	来 lai⁴² 去南昌	到南昌来 lai⁴²
吉 安	去南昌	去南昌哩 li⁰
遂 川	去南昌	去南昌矣 i⁰
宁 都	去南昌	到南昌
瑞 金	去南昌	去南昌㗅 ɕiu⁴⁴
于 都	去南昌	去南昌□ieu⁰
赣 县	去南昌	去南昌了 lɔ⁰
南 康	去南昌	去南昌啦 la⁰
龙 南	去南昌	去南昌
寻 乌	去南昌	到南昌来 luɐi²¹⁴
黄 坳	到南昌去	去到南昌
铜 鼓	去南昌	去南昌哩 li⁰
大 溪	去南昌/到南昌去	去南昌嘞 lɛ⁰
太 源	去南昌	去南昌啊 a⁰
九 江	到南昌去/去南昌	到南昌去咯 lo⁰/去南昌咯 lo⁰
赣 州	去南昌	去唠 lɔ⁰ 南昌/去南昌唠 lɔ⁰
白 槎	去南昌/到南昌去	去咯 lo⁰ 南昌咯 lo⁰/到南昌去咯 lo⁰
浮 梁	到南昌去	到南昌
婺 源	去南昌/到南昌去	到南昌去之诶 tɕie⁰
上 饶	去南昌/到南昌去	去南昌唠 lou⁵²
广 丰	去南昌/到南昌去	去南昌啵 pɐɯ⁰
铜 山	去南昌/告南昌去	去南昌咯 lə⁰/告南昌去咯 lə⁰

江西方言研究資料
目錄彙編

　　本章江西方言研究資料目錄匯編分為著作和論文兩大部分，按內容分類收錄。著作書目分為四類：總論，贛方言，客家方言，吳方言、徽州方言及其他。論文篇目分為八類：總論、贛方言、客家方言、吳方言、徽州方言、官話方言、閩方言、方言關係及其他。

　　本章資料目錄收錄格式為：

　　著作——作者（含著者、編者）擔書名。出版社名稱，出版年份。

　　發表於刊物的論文——作者擔論文題目。刊物名稱，出版年份，（期數）。

　　發表於報紙的論文——作者擔論文題目。報紙名稱，出版年、月、日。

　　發表於論文集的論文——作者擔論文題目。論文集名稱。出版社名稱，出版年份。

　　發表於學術會議的論文——作者擔論文題目。學術會議名稱，學術會議舉辦地點，學術會議舉辦年份。

　　研究生學位論文——作者擔論文題目。學位授予單位名稱，

學位論文類別（博士學位論文或碩士學位論文），論文通過答辯年份。

一、著作

（一）總論

中國大百科全書社會編輯部擔中國大百科全書‧語言文字卷。中國大百科全書出版社，1992。

羅傑瑞擔漢語概說。語文出版社，1995。

袁家驊等擔漢語方言概要。語文出版社，2000。

詹伯慧擔現代漢語方言。湖北人民出版社，1981。

侯精一擔現代漢語方言概論。上海教育出版社，2002。

中國社會科學院、澳大利亞人文科學院擔中國語言地圖集。（香港）朗文出版（遠東）有限公司，1987。

曹志耘擔漢語方言地圖集。商務印書館，2008。

羅常培擔語言與文化。語文出版社，1996。

董楚平擔吳越文化志。上海人民出版社，1998。

北大中文系語言學教研室：《漢語方音字彙》，文字改革出版社，1989。

張琨擔漢語方音。（台灣）學生書局，1993。

王福堂擔漢語方言語音的演變和層次（修訂本）。語文出版社，2005。

辛世彪擔東南方言聲調比較研究。上海教育出版社，2004。

北大中文系語言學教研室擔漢語方言詞彙。語文出版社，

1995。

　　許寶華、宮田一郎擔漢語方言大詞典。中華書局，1999。

　　李榮擔現代漢語方言大詞典。江蘇教育出版社，2002。

　　黃伯榮擔漢語方言語法類編。青島出版社，1996。

　　翟時雨擔漢語方言與方言調查。西南師範大學出版社，
1986。

　　詹伯慧擔漢語方言及方言調查。湖北教育出版社，2001。

　　李如龍擔漢語方言的比較研究。商務印書館，2001。

　　黃景湖擔漢語方言學。廈門大學出版社，1987。

　　游汝傑擔漢語方言學導論。上海教育出版社，2000。

　　李如龍擔漢語方言學。高等教育出版社，2001。

　　翟時雨擔漢語方言學。西南師範大學出版社，2003。

　　游汝傑擔漢語方言學教程。上海教育出版社，2004。

　　李如龍、張雙慶擔客贛方言調查報告。廈門大學出版社，
1992。

　　劉綸鑫擔客贛方言比較研究。中國社會科學出版社，1999。

　　劉澤民擔客贛方言歷史層次研究。甘肅民族出版社，2005。

　　胡松柏擔贛東北方言調查研究。江西人民出版社，2009。

　　江西省公安廳一處擔江西方言土語彙集。內部刊行，1992。

　　羅昕如擔湘語與贛語的標記研究。湖南師範大學出版社，
2011。

　　李國強、傅伯言主編擔贛文化通志。江西教育出版社，
2004。

　　陳昌儀擔江西省方言志。方志出版社，2005。

景德鎮市志編纂委員會擔景德鎮市志略。漢語大詞典出版社，1989。

上饒地區地方誌編纂委員會擔上饒地區志。方志出版社，1997。

贛州地區地方誌編纂委員會擔贛州地區志。新華出版社，1994。

九江市地方誌編纂委員會擔九江市志。鳳凰出版社，2004。

宜春市地方誌編纂委員會擔宜春市志。南海出版公司，1990。

萍鄉市志編纂委員會：萍鄉市志。方志出版社，1996。

（二）贛方言

〔法〕沙加爾（Laurent Sagart）：贛方言研究（Les dialects Gan）。法國國家科學院亞洲東方語言研究所，《語彙叢刊》，巴黎，1993。

陳昌儀擔贛方言概要。江西教育出版社，1991。

張燕娣擔南昌方言研究。中國社會科學出版社，2007。

盧繼芳擔都昌陽峰方言研究。中國社會科學出版社，2007。

胡松柏、林芝雅擔鉛山方言研究。中國社會科學出版社，2008。

付欣晴擔撫州方言研究。中國社會科學出版社，2007。

顏森擔黎川方言研究。社會科學文獻出版社，1993。

劉綸鑫擔蘆溪方言研究。中國社會科學出版社，2008。

魏鋼強擔萍鄉方言志。語文出版社，1990。

孫宜志擔江西贛方言語音研究。語文出版社，2007。

魏鋼強、陳昌儀擔南昌話音檔。上海教育出版社，1998。

羅常培擔臨川音系。商務印書館，1940；科學出版社，1958。

余直夫擔奉新音系。（台灣）藝文印書館，1975。

萬波擔贛語聲母的歷史層次研究。商務印書館，2002。

邱尚仁、饒文華、危曉音擔南城方言字音研究。（香港）21世紀中國國際網絡出版公司，2001。

熊正輝擔南昌方言詞典。江蘇教育出版社，1995。

顏森擔黎川方言詞典。江蘇教育出版社，1995。

魏剛強擔萍鄉方言詞典。江蘇教育出版社，1998。

胡松柏擔贛方言研究（第二輯）——2009南昌贛方言國際學術研討會論文集。中國社會科學出版社，2012。

南昌市地方誌編纂委員會擔南昌市志。方志出版社，1997。

南昌縣志編纂委員會辦公室擔南昌縣志。南海出版公司，1990。

新建縣地方誌編纂委員會擔新建縣志。江西人民出版社，1991。

靖安縣志編纂委員會擔靖安縣志。江西人民出版社，1989。

安義縣志編纂領導小組擔安義縣志。南海出版公司，1990。

德安縣志編纂委員會擔德安縣志。上海古籍出版社，1991。

都昌縣縣志編修委員會擔都昌縣志。新華出版社，1993。

星子縣志編纂委員會擔星子縣志。江西人民出版社，1990。

湖口縣志編纂委員會擔湖口縣志。江西人民出版社，1992。

武寧縣志編纂委員會擔武寧縣志。江西人民出版社，1990。

高安縣史志編纂委員會擔高安縣志。江西人民出版社，1988。

修水縣志編纂委員會擔修水縣志。海天出版社，1991。

奉新縣地方誌編纂委員會擔奉新縣志。南海出版公司，1991。

宜春市地方誌編纂委員會擔宜春市志。南海出版公司，1990。

分宜縣志編纂委員會擔分宜縣志。檔案出版社，1992。

清江縣志編纂委員會擔清江縣志。上海古籍出版社，1989。

豐城縣縣志編纂委員會擔豐城縣志。上海人民出版社，1989。

萬載縣志編纂委員會擔萬載縣志。江西人民出版社，1988。

宜豐縣地方誌編纂委員會擔宜豐縣志。中國大百科全書出版社上海分社，1989。

上高縣史志編纂委員會擔上高縣志。南海出版公司，1990。

新余市地方誌編纂委員會擔新余市志。漢語大詞典出版社，1993。

上栗縣志編纂委員會擔上栗縣志。方志出版社，2005。

安源區志編纂委員會擔安源區志。方志出版社，2006。

蘆溪縣志編纂委員會擔蘆溪縣志。方志出版社，2006。

吉安縣縣志編纂委員會擔吉安縣志。新華出版社，1994。

吉水縣地方誌編纂委員會擔吉水縣志。新華出版社，1989。

寧岡縣地方誌編纂委員會擔寧岡縣志。中共中央黨校出版

社，1995。

安福縣縣志編纂委員會擔安福縣志。中共中央黨校出版社，1995。

蓮花縣縣志編纂委員會擔蓮花縣志。江西人民出版社，1989。

新幹縣志編纂委員會擔新幹縣志。中國世界語出版社，1990。

井岡山市志編纂委員會擔井岡山志。新華出版社，1997。

遂川縣志編纂委員會擔遂川縣志。江西人民出版社，1996。

永新縣志編纂委員會擔永新縣志。新華出版社，1992。

峽江縣地方誌編纂委員會擔峽江縣志。中共中央黨校出版社，1995。

萬安縣志編委會擔萬安縣志。新華出版社，1992。

泰和縣志編委會擔泰和縣志。中央黨校出版社，1993。

永豐縣志編纂委員會擔永豐縣志。新華出版社，1993。

撫州市臨川區區志編纂委員會擔臨川區志（1986—2005），2007。

進賢縣史志編纂委員會擔進賢縣志。江西人民出版社，1989。

東鄉縣史志編纂委員會擔東鄉縣志。江西人民出版社，1989。

宜黃縣志編纂委員會擔宜黃縣志。新華出版社，1993。

崇仁縣志編纂委員會擔崇仁縣志。江西人民出版社，1990。

廣昌縣縣志編纂委員會擔廣昌縣志。上海社會科學院出版

社，1994。

樂安縣縣志編纂委員會擔樂安縣志。江西人民出版社，1989。

南豐縣史志編纂委員會辦公室擔南豐縣志。中共中央黨校出版社，1994。

南城縣志編纂委員會擔南城縣志。新華出版社，1991。

資溪縣志編纂委員會擔資溪縣志。方志出版社，1997。

金溪縣人民政府擔金溪縣志。三秦出版社，2007。

黎川縣志編委會擔黎川縣志。黃山書社，1993。

鉛山縣縣志編纂委員會擔鉛山縣志。南海出版公司，1990。

橫峰縣志編纂委員會擔橫峰縣志。浙江人民出版社，1992。

弋陽縣縣志編纂委員會擔弋陽縣志。南海出版公司，1991。

鷹潭市志編委會擔鷹潭市志。方志出版社，2003。

貴溪縣志編纂委員會擔貴溪縣志。中國科學技術出版社，1996。

餘江縣縣志編纂委員會擔餘江縣志。江西人民出版社，1993。

餘干縣志編纂委員會擔餘干縣志。新華出版社，1991。

波陽縣志編纂委員會擔波陽縣志。江西人民出版社，1989。

樂平縣志編纂委員會擔樂平縣志。上海古籍出版社，1987。

彭澤縣志編纂委員會擔彭澤縣志。新華出版社，1992。

（三）客家方言

羅美珍、鄧曉華擔客家方言。福建教育出版社，1997。

溫昌衍擔客家方言。華南理工大學出版社，2006。

游文良擔畬族語言。福建人民出版社，2002。

謝留文擔客家方言語音研究。中國社會科學出版社，2003。

劉鎮發擔客語同音字彙。香港中文大學出版社，1997。

羅美珍擔客家話通用詞典。中山大學出版社，2004。

橋本萬太郎擔客家話基礎語彙集。日本亞非言語文化研究所，1972。

何耿鏞擔客家方言語法研究。廈門大學出版社，1993。

劉綸鑫擔江西客家方言概況。江西人民出版社，2001。

劉綸鑫擔貴溪樟坪畬話研究。中國社會科學出版社，2008。

胡松柏、胡德榮擔鉛山太原畬話研究擔中國社會科學出版社，2013。

羅肇錦擔瑞金方言。（台灣）學生書局，1989。

劉澤民擔瑞金方言研究。中國社會科學出版社，2006。

謝留文擔于都方言詞典。江蘇教育出版社，1998。

贛縣縣志編纂委員會擔贛縣志。新華出版社，1991。

興國縣縣志編纂委員會擔興國縣志。（內部發行），2001。

于都縣志編纂委員會擔于都縣志。新華出版社，1991。

上猶縣志編纂委員會擔上猶縣志。內部刊行，1992。

崇義縣編史修志委員會擔崇義縣志。海南人民出版社，1989。

大余縣志編纂委員會擔大余縣志。三環出版社，1990。

南康縣志編纂委員會擔南康縣志。新華出版社，1993。

龍南縣志編修工作委員會擔龍南縣志。中共中央黨校出版

社，1994。

定南縣志編纂委員會擔定南縣志。內部刊行，1990。

全南縣縣志編纂委員會擔全南縣志。江西人民出版社，1995。

瑞金縣志編纂委員會擔瑞金縣志。中央文獻出版社，1993。

尋烏縣志編纂委員會擔尋烏縣志。新華出版社，1996。

會昌縣志編纂委員會擔會昌縣志。新華出版社，1993。

安遠縣志編纂委員會擔安遠縣志。新華出版社，1993。

石城縣縣志編輯委員會擔石城縣志。書目文獻出版社，1990。

寧都縣志編纂委員會擔寧都縣志擔內部刊行，1986。

（四）吳方言、徽州方言及官話方言

顏逸明擔《吳語概說》，華東師範大學出版社，1994。

俞志強：《吳方言分類的優化》，復旦大學出版社，2000。

曹志耘、秋谷裕幸、太田齋、趙日新擔吳語處衢方言研究。〔日本〕好文出版株式會社，2000。

曹志耘擔南部吳語語音研究。商務印書館，2002。

秋谷裕幸擔吳語江山廣豐方言研究。愛媛大學法文學部綜合政策學科，2001。

秋谷裕幸擔吳語處衢方言（西北片）古音構擬。〔日本〕好文出版株式會社，2003。

嚴振洲擔廣豐方言志。未刊稿。

高永安擔明清皖南方音研究。商務印書館，2007。

平田昌司擔徽州方言研究。〔日本〕好文出版株式會社，1998。

江聲皖擔徽州方言探秘。安徽人民出版社，2006。

玉山縣志編纂委員會擔玉山縣志。江西人民出版社，1985。

上饒市志編纂委員會擔上饒市志。中共中央黨校出版社，1995。

上饒縣縣志編纂委員會擔上饒縣志。中共中央黨校出版社，1993。

廣豐縣地方誌編纂委員會擔廣豐縣志。方志出版社，2005。

婺源縣志編纂委員會擔婺源縣志。檔案出版社，1993。

德興市地方誌編纂委員會擔德興縣志。光明日報出版社，1993。

浮梁縣地方誌編纂委員會擔浮梁縣志。方志出版社，1999。

瑞昌縣志編纂委員會擔瑞昌縣志。新華出版社，1990。

九江縣縣志編纂委員會擔九江縣志。新華出版社，2001。

贛州市地方誌編纂委員會擔贛州市志。中國文史出版社，1999。

信豐縣縣志編纂委員會擔信豐縣志。江西人民出版社，1990。

二、論文

（一）總論

1.概述

顏森撰江西方言的分區。方言，1986，（1）。

謝留文撰江西省的漢語方言。方言，2008，（2）。

鄭材撰贛南方言分片芻議。贛南師範學院學報，1989，（3）。

程熙榮撰景德鎮地區方言歸屬與分佈考察研究。南昌大學，碩士學位論文，2007。

曹志耘撰皖浙贛閩交界地區的方言。第六屆閩方言國際研討會，香港，1999。

顏森撰江西方言研究的歷史和現狀。江西師範大學學報（哲學社科版），1995，（1）。

〔法〕沙加爾（Laurent Sagart）：論客贛方言（On GanHakka）。（台灣）清華學報，新 18 卷 1 期，1988。

劉綸鑫撰客贛方言面面觀。語文研究，1993，（4）。

劉綸鑫撰論客、贛方言，語言研究論集。中國社會科學出版社，2001。

劉綸鑫、田志軍撰客贛方言研究的回顧與展望。南昌大學學報（人文社科版），2003，（2）。

胡松柏、孫玉卿、徐紅梅撰讀《客贛方言比較研究》。客贛方言研究——第五屆客方言暨贛方言首屆研討會論文集。（香港）靄明出版社，2004。

邱尚仁、邱笑宸擔江西概況與江西方言及方言文化研究。江西省語言學會 2006 年年會論文集。

　　李奇瑞擔贛北方言的歷史演變與語言系統的自我調節。九江職業技術學院學報，2007，（4）。

　　鄭材擔贛南方言的歷史演變舉要。贛南師院學報，1990，（2）。

　　葉祥苓擔贛東北方言的特點。方言，1986,（2）。

　　胡松柏擔贛東北方言瀕危現狀述略。首屆瀕危方言語法學術研討會，廣州，2009。

　　胡松柏擔江西上饒縣鐵山鄉多方言情況考察。雙語雙方言（七）。漢學出版社，2001。

　　劉新中擔從詞彙語法的角度看海南西部客贛方言的一個分支——付馬話。贛方言研究（第二輯）——2009 南昌贛方言國際學術研討會論文集。中國社會科學出版社，2012。

　　曾康擔江西方言雜談。光明日報，1950-08-27。

　　劉綸鑫擔江西方言調查拾零。贛南師院學報，1988，（2）。

　　張陵馨擔淺析江西地方音對學習英語語音的影響。江西師院學報，1984，（3）。

　　王光閭擔談談江西人怎樣學普通話。教育工作，1956，（13）。

　　孫勃等擔贛方言特點和江西人學普通話。爭鳴，1982，（4）。

　　方文龍、饒思中擔江西省各方言區學習普通話常見發音錯誤分析及解決方案。景德鎮高專學報，2001，（3）。

馬賓擔餘干縣普通居民普通話現狀調查分析與對策。上饒師範學院學報，2005，（1）。

何東萍、馬春玲、易志文擔萍鄉話與普通話在萍鄉的現狀調查。萍鄉高等專科學校學報，2004，（2）。

胡松柏、張向陽擔「方言地區普通話母語人群」與方言地區雙語制性質的演變——以江西省南昌市區為例。雙語雙方言（九）。漢學出版社，2006。

李勝梅擔方言成分在文學作品中的出現方式及相關問題——以當代江西作家作品為考察對象。南昌大學學報（人文社科版），2004，（4）。

曹志耘擔關於瀕危漢語方言問題。語言教學與研究，2001，（1）。

胡松柏擔方言接觸與方言共有成分。現代漢語課程教學與研究。江西高校出版社，2005。

胡松柏、孫玉卿擔試論縣域通行方言的形成。語言運用與語言文化。（香港）擇時發展有限公司，2004。

2. 語音

張琨擔湘鄂贛方言中的一些特殊音韻演變。屈萬里先生七秩榮慶論文集。（台灣）聯經出版事業公司，1978。

余心樂、何姿文擔江西方音辨正。爭鳴，1964，（2）。

楊時逢擔江西方言聲調的調類。（台灣）「中央研究院」歷史語言研究所集刊，1971。

顏森擔江西方言的聲調。江西師大學報，1988，（3）。

熊燕擔客贛方言語音系統的歷史層次。北京大學，博士學位

論文，2004。

彭心怡擔江西客贛語的特殊音韻現象與結構演變。（台灣）「國立」中興大學，博士學位論文，2010。

劉綸鑫擔濁上部分歸陰平和客贛方言。語言研究論叢。江西教育出版社，1999。

劉綸鑫擔客贛方言的聲調系統綜述。南昌大學學報（人文社科版），2000，（4）。

鄭曉峰擔客贛方言的古濁上字歸陰平。第八屆國際暨第二十一屆全國聲韻學學術研討會，高雄，1998。

嚴修鴻擔客贛方言古濁上字調類演變的歷史過程。客贛方言研究——第五屆客方言暨首屆贛方言研討會論文集。（香港）靄明出版社，2004。

劉澤民擔客贛方言蟹攝一等開口字的歷史層次。二十一世紀中國語言學論壇，南寧，2004。

楊健芬擔也談客贛方言次濁入聲字的聲調。中國東南方言國際研討會，香港，2008。

項夢冰擔客家話、贛語古濁上字的今讀。中國東南方言國際研討會，香港，2008。

熊燕擔客贛方言的韻母格局及其與周邊方言的比較。全國漢語方言學會第十四屆學術年會暨漢語方言國際學術研討會，杭州，2007。

鄭張尚芳擔贛、閩、粵語裡古全濁聲母今讀濁音的方言。吳語和閩語的比較研究——中國東南方言比較研究叢書（第一輯）。上海教育出版社，1995。

董為光擔湘鄂贛三界方言的送氣聲母。語言研究，1989，（2）。

何一凡擔從江西省某些方言看知徹澄章昌五母在上古的性質。宜春師專學報，1982，（3）。

劉澤民擔客贛方言日母字的歷史層次分析。客贛方言研究——第五屆客方言暨首屆贛方言研討會論文集，（香港）靄明出版社，2004。

汪應樂擔贛東北方言古見組三四等顎化考察。語言運用與語言文化。（香港）擇時發展有限公司，2004。

劉澤民擔客贛方言舌齒音聲母按等分立的格局。蘭州大學學報（社會科學版），2005，（2）。

羅肇錦擔略論粵閩贛客語韻尾的反向發展——論早於-p、-t、-k 和早於-m、-n、-ŋ。聲韻論叢，1996。

魏剛強擔客贛方言「蜈蚣」的讀音。第五屆客方言暨首屆贛方言研討會，南昌，2002。

熊燕擔客、贛方言蟹攝開口四等字今韻母的層次。語言學論叢第 27 輯。商務印書館，2003。

萬波、莊初升擔客贛方言中中古全濁聲母今讀不送氣塞音塞擦音的性質。方言，2011，（3）。

曹志耘擔吳徽語入聲演變的方式。中國語文，2002，（5）。

胡松柏擔中古陽聲韻尾在贛東北方言中的今讀考察。音韻論集。中華書局，2006。

胡松柏擔中古入聲韻尾在贛東北方言中今讀情況考察。漢語音韻學第九屆國際學術研討會，南京，2006。

黃小平、李黛嵐撰客贛方言幾個毗鄰地帶幾個過渡詞的本字考證。贛南師範學院學報，2012，（4）。

3. 詞彙

伍巍、王媛媛撰南方方言性別標記虛化現象研究。中國語文，2006，（4）。

溫昌衍撰客贛方言中的古楚語詞。農業考古，2009，（3）。

劉澤民撰客贛方言中的侗台語詞。民族語文，2004，（5）。

溫美姬撰客贛方言共有的幾個本字考辨。江西社會科學，2006，（4）。

羅自群撰客贛方言陽聲韻類持續標記「等」「穩」的來源。全國漢語方言學會第十三屆年會暨漢語方言國際學術研討會，蘇州，2005。

陳敏燕、張雨金、陳昌儀撰江西漢語方言主要常用口語本字考。南昌大學學報（人文社科版），2003，（1）。

李勝梅撰「老表」的詞義和用法。辭書研究，2003，（5）。

余心樂撰贛西北方言詞考釋。江西師範學院學報（社會科學版），1964，（2）。

胡松柏撰贛東北方言親屬稱謂的長幼分稱與合稱。上饒師專學報，2000，（1）。

胡松柏撰贛東北方言親屬稱謂的稱謂共用。上饒師範學院學報，2000，（4）。

陳芳撰客贛方言親屬稱謂比較研究。廣西大學，碩士學位論文，2011。

肖九根、李軍撰贛語詞彙中的古越語底層成分及成因。廣西

社會科學，2012，（5）。

4. 語法

邵宜擔客贛方言「名詞+雌/雄語素」結構不表雌雄現象探析。廣西師範大學學報（哲學社科版），2006，（1）。

聶國春擔客贛方言的狀語後置。客贛方言研究——第五屆客方言暨首屆贛方言研討會論文集，（香港）靄明出版社，2004。

何清強擔江西地方戲曲中的客贛方言語法現象。江西教育學院學報，2003，（4）。

張炫擔客贛方言語體標記比較研究。大舞台，2011，（8）。

胡松柏、葛新擔贛東北贛、吳、徽語接緣地帶方言的處置介詞與被動介詞。漢語方言語法研究和探索——首屆國際漢語方言語法學術研討會論文集。黑龍江人民出版社，2003。

胡松柏、程熙榮擔贛東北方言動詞完成體標記的形式、功能及其類型。21世紀漢語方言語法新探索——第三屆漢語方言語法國際研討會論文集。暨南大學出版社，2008。

（二）贛方言

1. 概述

何大安擔論贛方言。漢學研究，1986，（5）。

陳昌儀擔論贛方言的形成。江西大學學報，1991，（3）。

周靜芳擔贛方言的形成與發展初論。南昌大學學報（人文社科版），1998，（3）。

邵百鳴、葛力力擔略論贛方言的形成。江西科技師範學院學報，2004，（3）。

肖九根擔探論贛方言的形成。贛方言研究（第二輯）——2009 南昌贛方言國際學術研討會論文集。中國社會科學出版社，2012。

肖九根、肖昀擔從人文歷史視角論贛方言的形成，江西社會科學，2012，（4）。

陳昌儀擔論景德鎮話的形成。社會語言學第二屆論文集。江西高校出版社，1993。

謝留文擔贛語的分區。方言，2006，（3）。

孫宜志、陳昌儀、徐陽春擔江西境內贛方言區述評及再分區。南昌大學學報（人文社科版），2001，（2）。

肖萍擔江西吳城方言研究。蘇州大學，博士學位論文，2006。

陳昌儀擔都昌（土塘）方言的兩個特點。方言，1983，（4）。

盧繼芳擔都昌方言與鄰縣方言的關係及其成因。南昌大學學報（人文社科版），2012，（1）。

顏森擔高安（老屋周家）方言的語言系統。方言，1981，（2）。

吳碧宇擔臨川方言研究綜述。晉中學院學報，2008，（2）。

付欣晴擔撫州方言研究。南昌大學，碩士學位論文，2000。

顏森擔贛語及其撫廣片的若干特點。江西師大學報，1990，（4）。

蕭九根擔八都方言研究。廣西大學，碩士學位論文，2001。

謝留文、張驊擔江西泰和方言記略。語文研究，2006，（1）。

袁雪瑤撰江西省永豐縣方言研究。復旦大學，碩士學位論文，2011。

趙韶珍撰贛方言中進賢話之語言特點。劍南文學（經典教苑），2011，（12）。

謝建中撰流行在江西煤礦的「普通話」——萍鄉方言。當代礦工，1990，（1）。

詹伊梨、王麗撰景德鎮方言的語言分析及其與南昌方言聲調的對比。安徽文學，2011，（7）。

朱海濱撰景德鎮城區方言與陶瓷業。中國社會經濟史研究，2000，（4）。

肖九根、紀元撰贛鄱語及其獨特的歷史文化。漢字文化，2011，（2）。

顏森撰贛方言漫談。文史知識，1998，（1）。

顏森撰南昌方言縱橫談。語文應用與研究，1993，（1）。

萬雅立撰探討南昌方言中的獨特現象。大連理工大學，碩士學位論文，2011。

朱漢清撰說說景德鎮話。景德鎮高專學報，2004，（1）。

黃建榮、陳志云、劉毅撰鄉韻悠揚——撫州方言漫述。百花洲文藝出版社，2004，（10）。

孫勃等撰贛方言特點和江西人學普通話。爭鳴，1982，（4）。

肖永賀、劉桂蘭撰鄱陽湖生態經濟區贛方言語言生態現狀調查研究。江西教育學院學報，2012，（2）。

盧繼芳撰二十世紀贛方言研究述評。語言研究論集。中國社

會科學出版社，2001。

劉綸鑫、鐘永超撰贛方言研究概述。贛方言研究（第二輯）——2009 南昌贛方言國際學術研討會論文集。中國社會科學出版社，2012。

2. 語音

邵宜撰論贛方言的音韻特徵。暨南大學，博士學位論文，1994。

孫宜志撰江西贛方言語音研究。山東大學，博士學位論文，2001。

萬波撰贛語聲母的歷史層次研究。香港中文大學，博士學位論文，1998。

孫宜志、陳昌儀、徐陽春撰江西贛方言語音的特點。南昌大學學報（人文社科版），2001，（4）。

龍安隆撰贛語的語音研究。井岡山大學學報（社會科學版），2010，（5）。

謝留文撰贛語古上聲全濁聲母字今讀陰平調現象。方言，1998，（1）。

辛世彪撰贛方言聲調的演變類型。暨南學報（哲學社科版），1999，（3）。

王莉寧撰贛語中的次清濁化與氣流分調。語言研究，2010，（3）。

何一凡撰贛方言的來母三四等。宜春師專學報，1983，（2）。

萬波、張雙慶撰贛語來母與端組合流現象。The 9th

International Conference on Chinese Linguistics, Organized by the National University of Singapore, 26-28 2000, (6).

萬波撰贛語 t、tʰ 聲母的來源及其歷史層次。IACL-13 Preliminary Program, Leiden University, Leiden, Netherlands, 9-11 June 2005.

孫宜志撰江西贛方言來母細音今讀舌尖塞音現象的考察。南昌大學學報（人文社科版），2003，（1）。

莊初升撰論贛語中知組三等讀如端組的層次。方言，2007，（1）。

孫宜志撰江西贛方言古全濁聲母今讀新論。漢語學報，2008，（3）。

萬波撰贛語見組聲母的今讀類型及其歷史層次。湧泉集——李如龍教授從教五十年紀念文集。廈門大學出版社，2008。

孫宜志撰江西贛方言見溪群母的今讀研究。方言，2009，（2）。

孫宜志撰江西贛方言中古精莊知章組聲母的今讀研究。語言研究，2002，（2）。

大島廣美撰贛語知二、章組聲母。中國語學，第 243 號抽印本。日本，1996。

陳昌儀撰贛語止攝開口韻知章組字今讀的歷史層次。南昌大學學報（社科版），1997，（2）。

陳敏燕、孫宜志撰江西贛方言中古兩呼四等今讀四呼情況的考察。江西社會科學，2001，（10）。

孫宜志撰江西贛方言中古兩呼四等今讀。第五屆客家方言暨

首屆贛方言研討會，南昌，2002。

萬波擔贛語建寧方言支脂之三分現象——兼論《切韻》支脂之三韻音值的構擬。方言，2010，（1）。

萬小梅擔江西贛語詞彙變音探究。華南師範大學，碩士學位論文，2007。

古屋昭弘擔《正字通》和十七世紀的贛方音。中國語文，1992，（5）。

謝豔紅、周賽華擔贛方言韻書——《辨字摘要》音系。湖北師範學院學報（哲學社科版），2010，（3）。

胡運飈擔宋代魯浙贛詞人陽聲韻合用是方音的反映。音韻論集。中華書局，2006。

陳聰穎擔廣州、梅縣、南昌方言元音實驗研究。南京大學，碩士學位論文，2011。

蔡寶瑞擔贛語昌靖片的幾個音韻問題。上海師範大學，博士學位論文，1998。

胡經修擔南昌方音與北京語音對應關係的探索。方言與普通話集刊第四本。文字改革出版社，1958。

楊時逢擔南昌音系。「中央研究院」歷史語言研究所集刊第39本，1969。

余直夫擔奉新音系。（台北）藝文印書館，1975。

熊正輝擔南昌方言同音字彙。方言，1989，（3）。

肖放亮擔南昌縣（塘南）方言語音系統。江西科技師範學院學報，2010，（2）。

熊正輝擔南昌方言的文白讀。方言，1985，（3）。

熊正輝擔南昌方言的聲調及其演變。方言，1979，（4）。

楊鑫福擔關於南昌話的入聲問題。漢字漢語學術研討會論文集（下）。吉林教育出版社，1991。

張為綱擔南昌話的聲調變化和實驗研究。中山大學研究院文科研究所集刊1期，1943。

熊正輝擔南昌方言裡曾攝三等讀如一等的字。方言，1982，（3）。

高福生擔南昌話裡的h與f。爭鳴，1983，（3）。

蔣平、謝留文擔南昌縣（蔣巷）方言的輕重音與變調。方言，2001，（2）。

熊正輝擔南昌方言裡語助詞的讀音。方言，1982，（1）。

何琳珊擔南昌方言陽聲韻尾與入聲韻尾演變研究。天津師範大學，碩士學位論文，2007。

李軍擔兩百年前南昌話精莊知章組字的讀音及其演變。語言科學，2009，（5）。

陳昌儀擔新建方言音系。撫州師專學報，1991，（1）。

高福生擔安義方言同音字彙。方言，1988，（2）。

高福生擔廣韻音系在安義方言中的演變。江西師範學院，碩士學位論文，1981。

高福生擔安義話的入聲。江西師範大學學報，1987，（1）。

何磊擔江西樂平方言語音初探。漳州師範學院，碩士學位論文，2011。

萬波擔贛語安義方言匣母字讀音的歷史層次及一組相關本字的考證。〔法國〕《東亞語言學報》（Cahiers de Linguistique Asie

Orientale），1995，（2）。

　　高福生擔安義方言的合口呼——兼論上古音 u 介音問題。語言文字論稿。江西高校出版社，1999。

　　孫宜志擔江西永修（三角）方言的語音特點。浙江萬里學院學報，2006，（6）。

　　陳昌儀擔永修話聲調的演變——兼論鄱陽湖西側贛方言聲調的演變。江西大學學報（社科版），1983，（2）。

　　肖萍擔江西吳城方言與南昌方言的語音差別。南昌大學學報（人文社科版），2007，（1）。

　　肖萍擔江西吳城方言聲調的幾個特點，漢語學報，2012，（2）。

　　段玉泉擔都昌方音中娘母字的來源及其分佈規律。九江師專學報，2002，（1）。

　　盧繼芳擔都昌方音今讀及地域差異。贛方言研究（第二輯）——2009 南昌贛方言國際學術研討會論文集。中國社會科學出版社，2012。

　　盧繼芳擔都昌方言語音的內部差異。九江學院學報（哲學社科版），2010，（2）。

　　盧繼芳擔贛語都昌方言古透頂母今讀地理差異及歷史層次。名作欣賞，2012，（18）。

　　陳凌擔湖口方言入聲字辨認法。南昌工程學院學報，2008，（5）。

　　鐘明立擔江西武寧禮溪話音系。方言，2004，（4）。

　　王福堂擔武寧方言中的全濁聲母。贛方言研究（第二

輯）——2009 南昌贛方言國際學術研討會論文集。中國社會科學出版社，2012。

肖萍擔贛語吳城方言新老派的語音差異。全國漢語方言學會第十四屆學術年會暨漢語方言國際學術研討會，杭州，2007。

黃敏擔高安方言中的今讀擦音 h。和田師範專科學校學報，2005，（3）。

寧忌浮擔中原音韻與高安方言。陝西師範大學學報，1990，（1）。

陳昌儀擔餘干方言同音字彙。方言，1990，（3）。

陳昌儀擔餘干方言入聲調的不連續成分。方言，1992，（2）。

陳昌儀擔餘干方言入聲調的不連續成分。方言，1993，（2）。

陳昌儀擔餘干話音變。贛江語言論叢第 1 期，1983。

栗華益擔江西餘干方言的入聲韻尾。方言，2011，（1）。

孫宜志擔江西弋陽方言的音韻特點。江西教育學院學報，2008，（1）。

林杼擔撫州方音的同一性和多樣性——江西撫州地方語音調查札記。江西師院學報，1981，（2）。

肖其峰擔江西省景德鎮方言音系。全國漢語方言學會第十四屆學術年會暨漢語方言國際學術研討會，杭州，2007。

羅莘田擔臨川音系跋。圖書月刊，1942，2 卷，（2）。

謝留文擔重讀《臨川音系》。方言，1999，（3）。

萬西康擔簡論古透定二紐在臨川白話音中的變讀原理。撫州

師專學報，1985，（2）。

杜愛英擔「臨川四夢」用韻考。古漢語研究，2001，（1）。

黃建榮、陳志云擔臨川方言和唐宋詩詞格律對應舉隅。撫州師專學報，2003，（2）。

羅德真擔王安石詩詞用韻研究。南京師範大學學報，1990，（3）。

萬波擔南城方言的語音特點。江西師範大學學報，1987，（1）。

邱尚仁擔南城方言的語音系統。方言，1991，（3）。

邱尚仁擔南城方音與中古音系聲母比較。江西師範大學學報，1990，（2）。

邱尚仁擔南城方音與中古音系韻母比較。江西師範大學學報，1991，（4）。

邱尚仁擔南城方音與中古音系聲調比較。江西師範大學學報，1993，（3）。

邱尚仁擔南城方言字音和《廣韻》的聲韻調系統——調類的分析研究。漢字文化，2001，（1）。

凌峰、李琦擔南城方言字音和《廣韻》的聲韻調系統——韻類的分析研究。漢字文化，2002，（1）、（2）。

張雙慶、萬波擔贛語南城方言古全濁上聲字今讀的考察。中國語文，1996，（5）。

大島廣美擔南豐音系。中山大學學報（社會科學版），1995，（3）。

曹志耘、秋谷裕幸擔南豐方言的語音特點。第五屆客家方言

暨首屆贛方言研討會，南昌，2002。

王莉寧撰江西南豐方言的聲調分化現象。方言，2010，（1）。

陳穎撰上饒縣石峽南豐話兩字組的連讀變調。客贛方言研究——第五屆客方言暨首屆贛方言研討會論文集，（香港）靄明出版社，2004。

顏森撰咸山兩攝字在廣昌方言中的異同。語言研究，1985，（2）。

萬西康撰古代透定二母在宜黃方言中的塞音擦化。撫州師專學報，1989，（1）。

詹璟撰江西撫州樂安話音系概述。贛方言研究（第二輯）——2009 南昌贛方言國際學術研討會論文集。中國社會科學出版社，2012。

邵慧君、萬小梅撰江西樂安縣萬崇話的小稱變調。方言，2006，（4）。

胡松柏撰贛東北「麻山話」中的促聲舒化。首屆晉方言國際學術研討會論文集。山西省高校聯合出版社，1996。

馬春玲撰萍鄉方言的語音分析。萍鄉高等專科學校學報，2008，（1）。

嶽立靜撰萍鄉方言的文白異讀及其音變特點。語文研究，1998，（4）。

劉平撰江西宜春方言音系。福建師範大學，碩士學位論文，2001。

饒星撰試論宜春方音與普通話語音教學。宜春學院學報，

2007，（3）。

李軍撰兩個半世紀以來江西臨江方言語音演變的若干特徵。漢語方言國際學術研討會暨全國漢語方言學會第十五屆學術年會，澳門，2009。

嚴學宭撰分宜方音述略。中山大學師範學院季刊 1 卷 1 期，1943。

王曉君撰江西新余贛方言音系。方言，2010，（3）。

王曉君撰江西新余方言的輕重音和輕聲。全國漢語方言學會第十三屆年會暨漢語方言國際學術研討會，蘇州，2005。

張小柳撰贛語水北話的語音特點。江西教育學院學報，2012，（2）。

嚴學宭撰新余市方言詞讀音成分的層次性。中國音韻研究會第四屆學術討論會，1986。

陳昌儀撰宜豐話全升調的性質。修志文叢，1989，（6）。

曾莉莉撰豐城方言的輕聲和連讀變調。方言，2007，（2）。

曾莉莉撰豐城方言的連讀變調研究。江西師範大學，碩士學位論文，2006。

帥曼萍撰豐城方言兩字組連讀變調中前字去聲變調的優選論分析。廣東技術師範學院學報，2011，（4）。

孫宜志撰江西萬載方言的音韻特點。江西教育學院學報（社會科學版），2007，（2）。

王練撰吉安語音概述。井岡山人學學報（綜合版），1960，（1）。

康泰撰吉安方言今讀中的古音遺跡。南昌大學學報（人文社

科版），1997，（2）。

　　昌梅香擔贛語云樓話的詞彙變調。全國漢語方言學會第十三屆年會暨漢語方言國際學術研討會，蘇州，2005。

　　嚴學宭擔泰和人學習國音法志要。文史季刊1卷1期，1941。

　　張為綱擔泰和透定二母的兩種特別變化之研究。中山學報，1943，1卷，（8）。

　　李菡幽擔贛語泰和方言陰平分兩調。方言，2002，（3）。

　　肖九根擔江西吉水縣八都話音系。廣西大學學報（哲學社科版），2000，（S3）。

　　萬波擔贛語永新方言量詞的清聲濁化。語文研究，1996，（3）。

　　龍安隆擔贛語永新話的連讀聲母弱化現象分析。贛方言研究（第二輯）——2009南昌贛方言國際學術研討會論文集。中國社會科學出版社，2012。同發於，方言，2011，（3）。

　　孫宜志擔江西安福方言的音韻特點。贛方言研究（第二輯）——2009南昌贛方言國際學術研討會論文集。中國社會科學出版社，2012。

　　彭冰泉擔安福南鄉方言江宕梗三攝的今讀。客贛方言研究——第五屆客方言暨贛方言首屆研討會論文集。（香港）靄明出版社，2004。

　　邱斌擔江西安福方言表複數的「物」記音獻疑。中國語文，2009，（1）。

　　邱斌擔安福話兩字組詞語變調方式考察。贛方言研究（第二

輯）——2009 南昌贛方言國際學術研討會論文集。中國社會科學出版社，2012。

張先坦擔新圩方言音系。井岡山師範學院學報，2003，（1）。

李紅擔元代吉安籍文人詩用韻中的陽聲韻尾混葉問題。古籍整理研究學刊，2002，（4）。

許國永擔明初江西泰和詩人古體詩用韻考。音韻論集。中華書局，2006。

萬麗媛擔南昌採茶戲音韻研究。南昌大學，碩士學位論文，2009。

胡松柏、萬麗媛擔南昌採茶戲舞台語音的音韻特點與性質。中國音韻學——中國音韻學研究會南昌國際研討會論文集。江西人民出版社，2010。

梅淑娥擔撫州採茶戲音韻研究。南昌大學，碩士學位論文，2009。

胡松柏、梅淑娥擔撫州採茶戲音韻述略。贛方言研究（第二輯）——2009 南昌贛方言國際學術研討會論文集。中國社會科學出版社，2012。

熊瑜擔贛劇音韻研究。南昌大學，碩士學位論文，2011。

胡松柏、熊瑜擔贛劇舞台音韻述略。上饒師範學院學報，2013，（2）。

詹純擔吉安採茶戲音韻研究。南昌人學，碩士學位論文，2011。

江文娟擔萍鄉採茶戲音韻研究。南昌大學，碩士學位論文，

2012。

3. 詞彙

張敏燕、張雨金、陳昌儀擔江西漢語方言主要常用口語本字考擔南昌大學學報（人文社科版），2003，（1）。

曹廷玉擔贛方言特徵詞研究。暨南大學，博士學位論文，2001。

張振興擔贛語幾個重要字眼的方言研究啟示。贛方言研究（第二輯）——2009 南昌贛方言國際學術研討會論文集。中國社會科學出版社，2012。

肖九根擔從贛方言詞彙的形成與發展看其內外運行機制。江西省語言學會 2008 年年會論文集。

姚榮松擔贛方言特別詞初探。中國語言學會第九屆學術年會，南昌，1997。

魏鋼強擔贛語中帶〔-n〕尾的「女」字。方言，1997，（3）。

陳昌儀擔贛方言「霞」「砣」「賀」本字考。南昌大學學報（人文社科版），1994，（1）。

許家星擔贛方言與「達」、「傷」、「凌」的訓詁。新余高專學報，2006，（1）。

謝留文擔贛語「公雞」的本字及其反映的讀音層次。語言科學，2006，（5）。

肖九根擔贛方言古語詞及其在漢語史研究中的實踐價值。江西社會科學，2007，（6）。

馮青擔《朱子語類》贛方言詞考。南昌航空大學學報（社會科學版），2010，（4）。

曾海清擔江西贛方言的「吃價」。新余學院學報，2011，
（1）。

熊正輝擔南昌方言裡的難字。方言，1980，（1）。

熊正輝擔南昌方言詞彙（一）。方言，1982，（4）。1983，
（1）。

熊正輝擔南昌方言詞彙（二）擔方言，1983，（1）。

謝留文擔南昌縣（蔣巷）方言詞語舉隅。方言，1993，（3）。

徐陽春擔南昌青年流行語。城市青年流行語。華夏出版社，
1993。

曹廷玉擔南昌方言中的近代漢語詞例釋。暨南學報，2000，
（5）。

曹廷玉擔南昌方言中的近代漢語詞例釋。江西教育學院學
報，2001，（1）。

邵百鳴擔南昌話詞彙的歷史層次。江西社會科學，2003，
（6）。

邵百鳴擔南昌話詞彙的歷史層次新探。職大學報，2003，
（1）。

肖萍擔江西吳城方言本字考。浙江萬里學院學報，2006，
（6）。

肖萍擔江西吳城方言農業詞彙例釋。農業考古，2008，
（3）。

韓春擔彭澤方言民俗詞語研究。南昌大學，碩士學位論文，
2007。

孫剛擔鉛山方言本字舉隅。上饒師專學報，1984，（4）。

陳昌儀擔江西餘干方言詞彙。方言，1995（3）（4）、1996（1）（2）（3）。

朱新娥擔景德鎮歇後語淺論。景德鎮高專學報，2004，（3）。

鄭錫祺擔宜黃話中的「仔」字。語文知識，1956，（8）。

徐新華擔臨川方言與《金瓶梅》部分詞語對應拾零。撫州師專學報，1999，（4）。

邱尚仁擔南城方言特殊語彙的兩大特徵。語言運用與語言文化。（香港）擇時發展有限公司，2004。

付欣晴擔黎川方言親屬稱謂研究。客贛方言研究──第五屆客方言暨首屆贛方言研討會論文集。（香港）靄明出版社，2004。

付欣晴擔黎川方言親屬稱謂系統及其文化底蘊。贛方言研究（第二輯）──2009 南昌贛方言國際學術研討會論文集。中國社會科學出版社，2012。

馬春玲擔萍鄉方言詞彙管窺。萍鄉高等專科學校學報，1996，（1）。

馬春玲擔萍鄉城關方言詞彙說略。農業考古，2009，（6）。

李瑤玲擔萍鄉城關方言詞彙的構成來源。萍鄉高等專科學校學報，2011，（4）。

姚奇擔萍鄉方言詞彙的理據分析。萍鄉高等專科學校學報，2012，（2）。

顏森擔高安（老屋周家）方言詞彙（一─三）。方言，1982，（1）、（2）、（3）。

饒星擔袁州方言詞彙（上）。宜春學院學報，2004，（5）。

易維擔宜春方言稱謂研究。宜春學院學報，2010，（5）。

曾莉莉擔從豐城方言的避諱語看贛地的避諱文化。宜春學院學報，2012，（3）。

邵宜擔贛語宜豐話詞彙變調的類型及其表義功能。方言，2006，（1）。

劉宗彬、任燕擔吉安方言中的古語拾零。井岡山師範學院學報，1995，（S1）。

顏森擔新幹方言本字考。方言，1983，（3）。

4. 語法

邵宜擔從贛方言看表示動物雌雄語素的詞性及其功能。江西師範大學學報，2004，（5）。

張民權擔贛語小稱兒化詞尾「伢」（li）之音韻溯源。贛方言研究（第二輯）——2009 南昌贛方言國際學術研討會論文集。中國社會科學出版社，2012。

饒星擔贛方言的「加」。宜春師專學報，1993，（1）。

曹廷玉擔贛方言的幾個副詞。漢語方言研究論文集。暨南大學出版社，2002。

陳敏燕、孫宜志、陳昌儀擔江西境內贛方言指示代詞的近指和遠指。中國語文，2003，（6）。

肖萍、陳昌儀擔江西境內贛方言人稱代詞單數的「格」之考察。南昌大學學報（人文社科版），2004，（6）。

陳凌擔贛方言的「兩個」。語言研究，2009，（3）。

邵宜擔贛方言語助詞「時」的語法功能及與近代漢語之比

較。暨南學報（哲學社科版），2010，（4）。

徐奇擔江西境內贛方言動詞完成體研究。南昌大學，碩士學位論文，2011。

肖萍擔鄱陽湖八縣方言動詞的完成體和已然體。浙江師範大學學報（社會科學版），2004，（6）。

黃麗敏擔江西境內贛方言給予句研究。南昌大學，碩士學位論文，2010。

胡松柏、黃麗敏擔贛方言中給予句的結構及其類型考察。漢語方言語法新探索——第五屆漢語方言語法國際學術研討會論文集。廈門大學出版社，2010。

熊正輝擔南昌方言的子尾。方言，1979，（3）。

高福生擔南昌話裡的句尾「著」。江西師範大學學報，1990，（2）。

謝留文擔南昌縣（蔣巷）方言的「子」尾和「裡」尾。方言，1991，（2）。

翁姍姍、李小凡擔南昌方言「V潑」中「潑」的虛化軌跡和義項歸納。贛方言研究（第二輯）——2009南昌贛方言國際學術研討會論文集。中國社會科學出版社，2012。

萬里鳳擔南昌方言語氣詞。江西教育學院學報（社會科學版），1993，（3）。

張民權擔試論南昌方言的「不」字及「不」字結構。江西科技師範學院學報，1994，（2）。

徐陽春擔南昌方言語氣助詞「啊」的用法初探。應用與研究，1996，（3）。

徐陽春擔南昌話語氣詞「是」字初探。南昌大學學報（人文社科版），1997，（2）。

徐陽春擔從南昌（塔城）方言中的「個」和「裡」看「的」的分類。客贛方言研究——第五屆客方言暨首屆贛方言研討會論文集。（香港）靄明出版社，2004。

余頌輝擔南昌方言中「整」字的用法淺析。客贛方言研究——第五屆客方言暨首屆贛方言研討會論文集。（香港）靄明出版社，2004。

黃欣擔南昌人普通話中語氣詞「是」的使用調查，現代交際，2012，（4）。

萬麗媛擔南昌（昌東鎮）方言句末語氣詞的構造、音讀和功能。江西省語言學會 2007 年年會論文集。

劉乃仲、萬雅立擔南昌方言中獨特的語氣助詞。現代交際，2011，（5）。

謝留文擔南昌縣蔣巷方言的兩個虛詞「是」與「著」。中國語文，1998，（2）。

徐陽春擔南昌話「得」字研究。南昌大學學報（人文社科版），1998，（4）。

徐陽春擔南昌方言的體。南昌大學學報（人文社科版），1999，（3）。

徐陽春擔南昌方言動詞「著」的語篇功能及其時體意義。21世紀漢語方言語法新探索——第三屆漢語方言語法國際研討會論文集。暨南大學出版社，2008。

張燕娣擔南昌方言代詞研究。南昌大學，碩士學位論文，

2001。

　　胡清國擔南昌話和普通話否定標記的句法差異。江西科技師範學院學報，2003，（5）。

　　劉乃仲、萬雅立擔南昌方言中獨特的語氣助詞。現代交際，2011，（5）。

　　肖放亮擔南昌縣（塘南）方言的語氣詞。江西師範大學，碩士學位論文，2006。

　　徐奇擔贛語新建縣松湖話的完成體。贛方言研究（第二輯）——2009 南昌贛方言國際學術研討會論文集。中國社會科學出版社，2012。

　　萬波擔贛語安義方言的人稱代詞和指示代詞。中國東南部方言比較研究叢書（第四輯）·代詞。暨南大學出版社，1999。

　　楊冬梅擔贛語安義方言的進行體。阜陽師範學院學報（社會科學版），2009，（5）。

　　曹廷玉擔永修方言的結構助詞「個」。登攀集。暨南大學出版社，2000。

　　郝玲玲擔江西永修話的語綴研究。華東師範大學，碩士學位論文，2009。

　　肖萍擔贛語吳城方言的 XA 式狀態詞。語言研究，2008，（2）。

　　肖萍擔贛語吳城方言的結構助詞「個」。贛方言研究（第二輯）——2009 南昌贛方言國際學術研討會論文集。中國社會科學出版社，2012。

　　羅芬芳擔修水贛方言動詞的體。南寧師範高等專科學校學

報，2009，（4）。

　　羅芬芳撰修水贛方言語法特色研究。廣西師範大學，碩士學位論文，2011。

　　章蜜撰江西修水話程度副詞「悶」和「幾」的用法考察。語文知識，2011，（3）。

　　肖萍撰都昌方言的「得2」初探。浙江萬里學院學報，2001，（4）。

　　盧繼芳撰都昌陽峰方言中的虛字「得」。南昌大學學報第32卷，2001。

　　曹保平撰都昌方言重疊式的構成形式及特徵。南昌大學學報（人文社科版），2002，（4）。

　　盧繼芳撰都昌方言的「儂」尾。客贛方言研究——第五屆客方言暨贛方言首屆研討會論文集。（香港）靄明出版社，2004。

　　盧繼芳撰都昌助詞「得」的用法及其歷史層次。前沿，2012，（12）。

　　曹保平、馮桂華撰贛方言都昌話的語法現象。江西教育學院學報，2003，（2）。

　　查清蘭撰星子方言的「著」字。南昌職業技術師範學院學報，2001，（2）。

　　阮緒和撰江西武寧（上湯）話一種特殊的動詞重迭結構。江西教育學院學報，2003，（2）。

　　阮緒和撰江西武寧（上湯）話的程度副詞「死、幾、蠻」。江西科技師範學院學報，2006，（3）。

　　阮緒和撰江西武寧話的「拿」字句。江西教育學院學報（社

會科學版），2006，（1）。

許家星擔奉新方言的人稱代詞。客贛方言研究——第五屆客方言暨首屆贛方言研討會論文集。（香港）靄明出版社，2004。

汪高文擔彭澤方言代詞。南昌大學，碩士學位論文，2006。

汪高文擔江西彭澤方言的語氣詞。贛方言研究（第二輯）——2009 南昌贛方言國際學術研討會論文集。中國社會科學出版社，2012。

劉堅擔樂平方言的代詞。景德鎮教育學院學報（哲社版），1992，（1）。

程熙榮、戴正擔樂平鸕鷀話的比較句。贛方言研究（第二輯）——2009 南昌贛方言國際學術研討會論文集。中國社會科學出版社，2012。

肖萍擔對餘干方言動詞某些體範疇的分析。浙江萬里學院學報，2001，（3）。

汪應樂擔餘干話動詞「體」的表達特點。客贛方言研究——第五屆客方言暨贛方言首屆研討會論文集。（香港）靄明出版社，2004。

章新傳擔餘江話的「裡」尾。上饒師範學院學報（社會科學版），2006，（2）。

章新傳擔餘江話形容詞的生動形式。南昌大學學報（人文社科版），2004，（3）。

章新傳擔餘江話中的幾個特殊副詞。贛方言研究（第二輯）——2009 南昌贛方言國際學術研討會論文集。中國社會科學出版社，2012。

王素珍撰鉛山方言的體研究。江西師範大學，碩士學位論文，2007。

陳昌儀撰江西鉛山方言人稱代詞單數的「格」。中國語文，1995，（1）。

王素珍撰江西鉛山方言形容詞的特點。鄭州航空工業管理學院學報（社會科學版），2006，（5）。

葉秋生、應利撰贛語鉛山話形容詞的幾種生動形式。萍鄉高等專科學校學報，2007，（1）。

付欣晴撰淺析撫州片方言代詞的特點。語言論集。中國社會科學出版社，2001。

付欣晴撰黎川方言的代詞。南昌大學學報（人文社科版），1998，（4）。

付欣晴撰論贛方言臨川片代詞的特點。南昌大學學報（人文社科版），2011，（5）。

方琴撰臨川方言中的幾個特殊量詞。黑龍江教育學院學報，2006，（1）。

劉輝明撰贛語樂安（湖溪）話的完成體。東華理工大學學報（社會科學版），2008，（1）。

顏森撰黎川方言的仔尾和兒尾。方言，1989，（1）。

詹純撰江西樂安方言中的助詞「哩」。贛方言研究（第二輯）——2009 南昌贛方言國際學術研討會論文集。中國社會科學出版社，2012。

劉勝利撰萍鄉方言形容詞的特別格式。語言運用與語言文化。（香港）擇時發展有限公司，2004。

劉勝利擔淺析上栗方言的「有」字句。客贛方言研究——第五屆客方言暨首屆贛方言研討會論文集。（香港）靄明出版社，2004。

饒星擔宜春話的「積」尾。宜春師專學報，1981，（2）。

孫多嬌擔宜春（袁州區）方言代詞研究。南昌大學，碩士學位論文，2007。

劉平擔宜春話的語氣助詞「著」。語言研究，2002，（S1）。

陳海波擔宜春話的將來時態助詞「格」及其來源。武漢大學學報（人文科學版），2006，（2）。

李旭平擔贛語宜春話小稱標記積尾的句法語義特徵，第五屆漢語方言語法國際學術研討會，上海，2010。

邵宜擔贛語宜豐話「約數（量）」的表示方式。韶關學院學報，2004，（11）。

邵宜擔贛語宜豐話的「唧」尾。第五屆漢語方言語法國際學術研討會，上海，2010。

邵宜擔贛語宜豐話「得」的研究，中國東南方言國際研討會，香港，2008。

黃麗敏擔淺析新余方言動詞完成體。贛方言研究（第二輯）——2009南昌贛方言國際學術研討會論文集。中國社會科學出版社，2012。

劉君君擔新余方言形容詞分析。新余高專學報，2004，（4）。

王曉君擔贛語新余方言擬聲詞的語法格式——兼比較吳贛方言的後綴「叫」。第二屆語言接觸與語言比較國際學術研討會，

上海，2006。

　　張小柳撰贛語新余（水北）方言「X+人」式形容詞研究。新余高專學報，2010，（5）。

　　曾海清撰新余方言形容詞重疊式 A 個 AB 式。宜春學院學報，2010，（9）。

　　曾海清撰普通話與方言比較視角下的新余方言形容詞重疊式。萍鄉高等專科學校學報，2010，（4）。

　　王曉君撰贛語新余方言的小稱詞綴「的」及其他相關詞綴。上饒師範學院學報，2004，（2）。

　　阮寅夏撰新余方言中的語綴。新余高專學報，2009，（2）。

　　王曉君撰贛語新余方言語氣詞的幾個特點。新余高專學報，2006，（5）。

　　陳小荷撰豐城贛方言語法研究。北京大學，博士學位論文，1989。

　　聶國春撰豐城方言代詞概要。新余高專學報，2004，（1）。

　　陳小荷撰豐城話的主觀量及其相關句。語言學論叢第 19 輯。商務印書館，1997。

　　黃展東撰豐城方言的「在 V（N）」，「V 到（N）」和「V 到（N）在」。語言研究論叢，江西教育出版社，1999。

　　周根飛撰豐城話中助詞「哩」的考察。萍鄉高等專科學校學報，2008，（4）。

　　陳小荷撰清江話和豐城話的程度副詞「傷」。中國語文，1989，（5）。

　　付婷撰樟樹方言的詞綴研究。江西師範大學，碩士學位論

文，2006。

熊瑜擔贛語樟樹方言中「得」字的意義和用法。贛方言研究（第二輯）——2009 南昌贛方言國際學術研討會論文集。中國社會科學出版社，2012。

吳慧擔江西樟樹方言的跨類詞綴「嘰」。新余學院學報，2011，（1）。

羅榮華擔贛語上高話的主觀量表達。漢語學報，2011，（2）。

羅榮華擔贛語上高話動態助詞、事態助詞「來」研究。廣西社會科學，2012，（5）。

任燕平擔吉安市吉州話中形容詞的生動形式。井岡山師範學院學報，2002，（1）。

陳昌儀、蔡寶瑞擔吉安市方言的指示代詞。吉安師專學報，2000，（1）。

肖世民擔吉安方言中的「個」。吉安師專學報，1989，（1）。

任燕平擔吉安方言動詞的完成體和已然體。井岡山師範學院學報，2005，（1）。

周美莊擔吉安方言疑問句語法特殊性分析。安徽文學（下半月），2010，（10）。

溫美姬擔江西吉安方言的「來+NP/VP+來」與「去+VP/VP+去」。方言，2012，（3）。

溫美姬擔江西吉安橫江話表複數的「禾」。中國語文，2012，（3）。

昌梅香擔吉安市贛方言「哩」後綴使用情況的社會語言學分

析。南京理工大學學報（社會科學版），2011，（4）。

戴耀晶擔贛語泰和方言語法的完成體。語文研究，1995，
（1）、（2）。

戴耀晶擔贛語泰和方言的動詞謂語句。暨南大學出版社，
1997。

戴耀晶擔贛語泰和方言的代詞。暨南大學出版社，1999。

戴耀晶擔贛語泰和方言的否定表達。漢語方言語法研究和探
索──首屆國際漢語方言語法學術研討會論文集。黑龍江人民出
版社，2003。

戴耀晶擔贛語泰和方言的方位詞。「中國東南部方言比較研
究計劃」第十一次研討會，上海，2005。

戴耀晶擔贛語泰和方言的疑問表達。中國東南方言國際研討
會，香港，2008。

肖瑜、肖瓊擔贛語泰和方言中的三個常用動詞。河池學院學
報，2008，（3）。

許小明擔江西吉水方言中的「幾」與「個」探微。吉安師專
學報，1999，（1）。

陳珊香擔贛語吉水方言的「得」字後綴淺析。黃岡師範學院
學報，2008，（S1）。

周冬梅擔峽江方言的人稱代詞。井岡山師範學院學報，
2003，（1）。

龍安隆擔現代漢語和永新方言「得」字的比較。井岡山師範
學院學報，2003，（1）。

龍安隆擔江西永新贛語的述補結構。漢語方言語法新探

索——第五屆漢語方言語法國際學術研討會論文集。廈門大學出版社，2010。

雷冬平、胡麗珍擔江西安福方言表複數的「物」。中國語文，2007，（3）。

王琛、邱斌、姚聲正擔安福話的句末語氣詞「嘚」。井岡山學院學報，2008，（6）。

雷冬平擔江西安福話的「准」字被動句——兼論使役動詞表被動的動因。萍鄉高等專科學校學報，2009，（3）。

（三）客家方言

1.概述

顏森擔客家話的三個標準。江西師範大學學報（哲學社科版），2002，（3）。

劉綸鑫擔客家方言的反思。慶祝《中國語文》創刊六十週年學術論文集。商務印書館，2004。

劉綸鑫、萬芳珍擔江西客家人遷原因與分佈。南昌大學學報，1995，（2）。

劉綸鑫擔江西客家方言中的客籍話和本地話。南昌大學學報，1996，（4）。

劉綸鑫擔論客家先民在江西的南遷。南昌大學學報，1998，（1）。

魏際瑞と擔17 世紀の江西客家方言。橋本萬太郎紀念中國語學論集。〔日本〕內山書店，1997。

謝留文、黃雪貞擔客家方言的分區。方言，2007，（3）。

劉綸鑫擔贛南居民的遷徙層次和贛南客家話內部的語音差異。中國語言學報，1995，（5）。

鄭材擔從語音的歷時演變看贛南客家方言的分片問題。首屆客家方言學術研討會專集，1994。

溫昌衍擔從詞彙看大本營地區客家方言的分片。學術研究，2008，（4）。

劉綸鑫擔贛西北客家和客家方言。客家方言研究——第四屆客家方言研討會論文集。暨南大學出版社，2002。

胡松柏擔客家移民和客家方言在贛東北的流播。江西社會科學，2006，（11）。

胡松柏擔贛東北鐵山汀州腔記略，客家方言研究——第四屆客家方言研討會論文集。暨南大學出版社，2002。

胡松柏擔贛東北繞二「廣東腔」記略。廣東省中國語言學會2000—2001學術年會，湛江，2001。

胡松柏擔贛東北的嘉應客家移民與嘉應「廣東話」。南方語言學（第二輯）。暨南大學出版社，2010。

劉綸鑫擔貴溪樟坪畬話的語音特點及其與客家方言的關係。客語縱橫——第七屆國際客方言研討會論文集。香港中文大學，2008。

胡松柏、孫剛擔贛東北鉛山縣太源畬話記略。客贛方言研究——第五屆客方言暨首屆贛方言研討會論文集。（香港）靄明出版社，2004。

胡松柏擔江西武寧畬話述略。第二屆瀕危方言學術研討會，吉首，2011。

　　胡松柏擔江西武寧畬話的源流分佈、語言特點和語用狀況。第十屆客家方言國際學術研討會，成都，2012。

　　謝留文擔于都方言語音、語法的幾個特點。客家縱橫——首屆客家方言學術研討會專集，1994。

　　羅肇錦擔瑞金方言。「國立」台灣大學，碩士學位論文，1977。

　　朱由國擔南康客家方言概述。贛南師範學院學報，1992，（12）。

　　陳榮華擔江西石城話屬客方言質疑。中國語文，1997，（5）。

　　溫昌衍擔江西石城話屬客家方言無疑。江西社會科學，2003，（8）。

　　溫昌衍擔江西石城話的歸屬及其音變。客家方言研究——第四屆客家方言研討會論文集。暨南大學出版社，2002。

　　曹保平、馮桂華擔贛南客家民俗文化中的語言禁忌。贛南師範學院學報，2004，（1）。

　　謝征、幸瑩潔擔贛南客家山歌與方言關係初探。四川戲劇，2008，（6）。

　　溫昌衍擔黃遵憲與客家方言。韶關大學學報，2000年增刊。

　　李軍擔江西客家方言研究的先驅鄔心普及《贛方言考》述略。贛方言研究（第二輯）——2009南昌贛方言國際學術研討會論文集。中國社會科學出版社，2012。

　　徐鳳英擔淺談客家方言在採茶戲中的運用。老區建設，2012，（6）。

黃小平擔客家方言——客家族群的維繫紐帶及客家人身分的標誌。贛南師範學院學報，2012，（4）。

2. 擔語音

謝留文擔客家方言古入聲次濁聲母字的分化。中國語文，1995，（2）。

溫昌衍、溫美姬擔南方方言保留魚部古讀的幾個本字——從客家方言說起。語言研究，2010，（4）。

謝留文擔從攝和等看客家方言韻母的總體格局。客贛方言研究——第五屆客方言暨首屆贛方言研討會論文集。（香港）靄明出版社，2004。

江敏華擔客贛方言的魚虞有別。贛方言研究（第二輯）——2009南昌贛方言國際學術研討會論文集。中國社會科學出版社，2012。

劉綸鑫、劉勝利、傅思泉擔閩粵贛客家方言的語音比較。客贛方言研究——第五屆客方言暨首屆贛方言研討會論文集。（香港）靄明出版社，2004。

劉綸鑫擔贛南客家話的語音特徵。國際客家學研討會論文集，香港，1994。

王定擔贛南客話語音記略。客家縱橫——首屆客家方言學術研討會專集，1994。

楊時逢擔贛縣音系。蔣公逝世週年紀念論文集。（台北）「中央」研究院，1974。

劉新華擔興國客話撮口呼淺析。客家方言研究——第四屆客家方言研討會論文集。暨南大學出版社，2002。

謝留文撰江西省于都方言兩字組連讀變調。方言，1992，（3）。

陳榮華撰江西于都話的小稱變調。中國語文，1998，（4）。

傅思泉撰于都方言單雙音聲調的實驗研究。客贛方言研究——第五屆客方言暨首屆贛方言研討會論文集。（香港）靄明出版社，2004。

蔡箏撰客家方言中營前話的音素和音位。贛南師範學院學報，1980，（1）。

劉綸鑫撰上猶（社溪）方言文白多音現象試探。首屆客家方言學術研討會專集，1994。

劉綸鑫撰上猶社溪江頭特殊語音記略。第十屆客家方言國際學術研討會，成都，2012。

劉金榮撰大余縣城客家話音系。贛南師範學院學報，1995，（1）。

劉綸鑫撰江西省大余（南安）方言音系。方言，1995，（1）。

張倩撰信豐縣鐵石口客家方言古濁聲母上聲字今讀的考察。第十屆客家方言國際學術研討會，成都，2012。

劉王頤撰定南客家話語音記。首屆客家方言學術研討會專集，1994。

羅肇錦撰瑞金方言的音韻。（台灣）新竹師專學報，1985，（11）。

劉有志撰瑞金話的兩種連讀音變。客家縱橫——首屆客家方言學術研討會專集，1994。

劉有志撰瑞金話聲韻同化現象探析。客家方言研究——第四

屆客家方言研討會論文集。暨南大學出版社，2002。

周賽華擔《正韻竊取》所記載的明末寧都客家話音系。中國音韻學暨黃典誠學術思想國際學術研討會、中國音韻學研究會第十七屆學術討論會暨漢語音韻學第十二屆學術研討會，廈門，2012。

邱鑌擔寧都（湛田）方言的連讀變調。江西師範大學，碩士學位論文，2003。

黃小平擔江西寧都田頭客家話兩字組連讀變調。方言，2010，（3）。

溫昌衍擔江西石城（高田）方言的完成變調。中國語文，2006，（1）。

賴漢林擔石城話聲韻調調查分析。東南傳播，2006，（10）。

賴漢林擔石城話語音分析。福建師範大學，碩士學位論文，2006。

陳豔林擔石城（屏山）方言的語流音變。南昌大學，碩士學位論文，2007。

盧紹浩擔井岡山客家話音系。方言，1995，（2）。

聶國春擔贛東北客家方言語音研究。南昌大學，碩士學位論文，2005。

劉豔生擔寧都採茶戲音韻研究。南昌大學，碩士學位論文，2010。

胡松伯、劉豔生、陳星：寧都採茶戲舞台音韻略說擔龍岩學院學報，2013，（4）。

張倩擔信豐縣鐵石口客家方言音系。贛南師範學院學報，

2012，（4）。

3. 詞彙

溫昌衍擔客家方言特徵詞研究。暨南大學，博士學位論文，2001。

溫昌衍擔客家方言部分本字考。龍岩學院學報，2008，（1）。

溫昌衍、溫美姬擔客家方言本字舉例（續）。中國語學研究‧開篇。〔日本〕好文書店，2002。

黃小平擔客贛方言幾對同族詞的本字考證。第十屆客家方言國際學術研討會，成都，2012。

溫昌衍擔客家方言特徵詞中的近代漢語詞。第三屆全國現代漢語詞彙學研討會，廈門，2000。

溫昌衍擔從外區罕見詞看客家方言的山話特性。嘉應大學學報，2002，（2）。

溫昌衍擔客家話裡的「口甘」類詞。客家研究輯刊，2000，（1）。

謝留文擔客家方言「嘴」字的來歷。方言，1998，（4）。

溫昌衍擔客家方言本字舉例。〔日〕中國語學‧開篇，2005，（24）。

溫昌衍擔客家方言本字舉例（續）。〔日〕中國語學‧開篇，2006，（25）。

曾良擔贛南客家詞彙對比研究舉隅。全國漢語方言學會第十三屆年會暨漢語方言國際學術研討會，蘇州，2005。

溫昌衍擔論客家方言「嫲」的語源。南昌大學學報（哲學社

科版），2007，（3）。

溫昌衍擔客家話歇後語淺析。農業考古，2007，（3）。

鐘俊昆擔贛南客家禮俗與方言中的委婉語。贛南師範學院學報，1999，（1）。

溫珍琴、劉善權擔贛南歇後語的地域特色。牡丹江大學學報，2009，（9）。

謝婷擔興國客家方言詞彙的內部分歧。第十屆客家方言國際學術研討會，成都，2012。

劉有志擔瑞金話的四字格詞語。客家方言研究——第二屆客方言研討會論文集，1998。

劉有志擔瑞金話中的等義異形異用詞或詞素。第三屆客家方言研討會論文集。韶關大學學報（增刊），2000。

王建擔語言接觸視野下的南康（龍華）客家方言詞彙研究。江西師範大學，碩士學位論文，2011。

鄧水藺擔寧都方言詞語初記。客家縱橫——首屆客家方言學術研討會專集，1994。

謝留文擔《于都方言詞典》引論。方言，1997，（1）。

黃加亮擔石城方言的親屬稱謂詞。客贛方言研究——第五屆客方言暨首屆贛方言研討會論文集。（香港）靄明出版社，2004。

邵宜擔銅鼓方言本字考。暨南大學漢語方言學博士研究生學術論文集。暨南大學出版社，2001。

4. 語法

鐘慧林擔客家方言重疊式形容詞分析。嘉應學院學報，

2010,（10）。

曾良擔江西贛縣方言的語法特點。南昌大學學報（人文社科版），1993，（4）。

劉綸鑫擔江西上猶社溪方言的「子」尾。中國語文，1991，（2）。

劉漢銀擔南康客家話語法研究。雲南師範大學，碩士學位論文，2006。

溫珍琴擔南康方言的「子」字探析。贛南師範學院學報，1998（增刊）。

溫珍琴擔南康方言的「子」字探析。牡丹江大學學報，2009，（11）。

溫珍琴擔南康方言的語氣詞研究。客贛方言研究——第五屆客方言暨首屆贛方言研討會論文集。（香港）靄明出版社，2004。

劉綸鑫擔江西省貴溪市樟坪畬族客家話動詞的體。第六屆客家方言國際學術研討會，廈門，2004。

劉澤民擔瑞金方言的四個體助詞。山西大學學報（哲學社科版）1997，（2）。

劉澤民擔瑞金方言的助詞「去」、「卻」和「來」。甘肅教育學院學報（社會科學版），2003，（3）。

劉澤民擔瑞金方言的四音格。第五屆漢語方言語法國際學術研討會，上海，2010。

魏慧斌擔安遠方言中三種特殊的重疊式。語言研究，1999（增刊）。

鐘慧琳擔安遠客家方言重疊式形容詞研究。廣西師範大學，碩士學位論文，2011。

凌慈房擔龍南話裡的一些語法現象。中國語文，1957，（11）。

黃小平擔淺析寧都客家話中「掉」與「過」的特殊用法。經濟與社會發展，2005，（2）。

謝鴻猷擔寧都方言的語綴「打」。第三屆客家方言研討會論文集。韶關大學學報（增刊），2000。

朱祖振擔石城方言的幾個語法特點。首屆客家方言學術研討會專集，1994。

賴漢林擔石城話的語法特點。福建論壇（人文社科版），2006，（1）。

曾毅平擔石城（龍崗）客話常見名詞詞綴。方言，2003，（2）。

溫昌衍擔石城話的「加 l-詞」。湧泉集——李如龍教授從教五十年紀念文集。廈門大學出版社，2008。

曾毅平擔石城（龍崗）方言的體。客家方言研究——第二屆客方言研討會論文集，1998。

曾毅平擔石城（龍崗）方言的指代形式。方言，2001，（3）。

劉綸鑫、何清強擔石城方言語氣詞。南昌大學學報（人文社科版），2001，（4）。

曾毅平擔石城（龍崗）方言的被動句、雙賓句、「來、去句」、「有」字句和「添」字句。漢語方言語法研究和探索——首屆國際漢語方言語法學術研討會論文集。黑龍江人民出版社，

2003。

鄭人萍、陶靈擔石城方言與普通話詞彙特徵比較。傳奇・傳記文學選刊（理論研究），2011，（2）。

蔣平擔石城方言完成變調的優選論分析。中國東南方言國際研討會，香港，2008。

胡德榮擔鉛山縣太源畬話動詞體貌研究。南昌大學，碩士學位論文，2009。

胡松柏、胡德榮擔江西鉛山太源畬話動詞動態體貌的考察。贛學（第二輯）。江西教育出版社，2009。

賴海燕擔贛南客家方言處所介詞的用法舉隅。贛南師範學院學報，2012，（4）。

（四）吳方言

1.概述

傅國通、蔡勇飛、鮑士傑、方松熹、傅佐之、鄭張尚芳擔吳語的分區。方言，1986。

方松熹、傅國通、傅佐之擔吳語在江西省境內的分佈。方言，1984（4）。

顏逸明、嚴振洲、錢文俊擔吳語在江西省境內的分佈。方言，1984（4）。

顏逸明、嚴振洲等擔贛東北吳語的分佈和特點。上海語文學會年會論文選，1984。

張光宇擔吳語在歷史上的擴散運動。中國語文，1994，

（6）。

2. 語音

秋谷裕幸撰吳語處衢方言、閩語和日本吳音的通攝三等韻。
Cahiers de linguistique Asie Orientale 28-2, 1999。

秋谷裕幸撰吳語處衢方言中果攝一等字的白讀音。慶谷壽信
教授紀念中國語學論集。〔日本〕好文出版株式會社，2002。

嚴振洲撰廣豐話聲韻調和《廣韻》的比較。上饒師專學報，
1982，（3）、（4）。

吉川雅之撰江西廣豐方言音系。漢語方言學論文集。〔日本〕
青山學院大學，1998。

秋谷裕幸撰江西廣豐方言音系。方言，2000，（3）。

秋谷裕幸撰江西廣豐方言的音韻特點及其歸屬。〔日本〕中
國語學，2000。

金有景撰江西廣豐效攝字的讀音。中國語文，1961，（10）
（11）。

余心撰江西廣豐話效攝字的讀音。江西師範學院學報（社會
科學版），1964，（2）。

孫玉卿撰試析《廣韻》中的上聲字在江西廣豐方言中的分
流。漢語學報，2002，（6）。

胡松柏撰廣豐話的文白異讀與歷史音類。語言研究，1996
（增刊）。

蔣有經撰玉山方言的語音系統。上饒師專學報，1985，
（2）。

王美淼撰玉山（樟村）方言的連讀變調。江西師範大學，碩

士學位論文，2007。

胡松柏撰廣豐方言小稱變調的類型、功能和分佈。漢語方言國際學術研討會暨全國漢語方言學會第十五屆學術年會，澳門，2009。

3. 詞彙

胡松柏撰廣豐話詞語小考。上饒師專學報（社會科學版），1984，（4）。

胡松柏撰廣豐話形象詞語的修辭分析。上饒師專學報，1993，（3）。

胡松柏撰吳語廣豐方言的聯綿詞。吳語研究——第四屆國際吳方言學術研討會論文集。上海教育出版社，2008。

4. 語法

胡松柏撰廣豐方言的「兒」尾。上饒師專學報（社會科學版），1983，（2）。

胡松柏撰廣豐方言動詞後附成分「下」及相關格式。第五屆漢語方言語法國際學術研討會，上海，2010。

胡松柏撰廣豐方言形容詞構成的特別格式。南昌大學學報（人文社科版），2003，（3）。

胡松柏、李政撰廣豐方言中「雙＋單」式的三音節形容詞和動詞聯綿詞。第七屆國際吳方言學術研討會。金華，2012。

胡松柏撰廣豐方言「得」字的意義和用法。漢語學報，2002，（5）。

胡松柏撰廣豐方言語氣詞的構造、音讀和功能。南昌大學學報（人文社科版），2007，（3）。

胡松柏撰廣豐方言動詞「體」的表達。暨南大學漢語方言學
博士研究生學術論文集。暨南大學出版社，2001。

　　汪應樂撰玉山話「兒」尾特點。上饒師專學報，1991，（6）。

　　汪應樂撰玉山話形容詞的「級」形態。上饒師專學報，
1993，（1）。

　　謝旭慧撰玉山話疑問副詞「可」及其相關句式。上饒師範學
院學報，2001，（2）。

　　王美淼撰玉山方言詞語重疊現象小探。新余高專學報，
2006，（6）。

　　占小璐撰玉山方言的框式狀語。贛方言研究（第二輯）——
2009 南昌贛方言國際學術研討會論文集。中國社會科學出版
社，2012。

（五）徽州方言

1. 概述

　　石汝傑撰徽州方言研究的重要成果 —— 讀《徽州方言研
究》。語言研究 ，2000，（2）。

　　趙日新撰徽語的特點和分區。方言，2005，（3）。

　　伍巍撰論徽州方言。暨南大學，博士學位論文，1994。

　　方清明撰浮梁（鵝湖）方言研究。南京師範大學，碩士學位
論文，2006。

　　汪應樂、馬賓撰德興市普通話高頻使用與方言文化多樣性的
萎縮。江西社會科學，2005，（9）。

　　李凱撰《唐書釋音》聲類反映出的宋代德興方言特徵。贛方

言研究（第二輯）——2009 南昌贛方言國際學術研討會論文集。中國社會科學出版社，2012。

2. 語音

馬希寧撰徽州方言語音現象初探。台灣清華大學，博士學位論文，2002。

陳瑤撰徽州方言音韻研究。福建師範大學，博士學位論文，2009。

謝留文撰江西婺源（舊城村）方言同音字彙。方言，2011，（2）。

趙日新撰古清聲母上聲字徽語今讀短促調之考察。中國語文，1999，（6）。

趙日新撰徽語古全濁聲母今讀的幾種類型。語言研究，2002，（4）。

馬希寧撰徽州方言的知照系字。方言，2000，（2）。

陳瑤撰徽州方言見組三四等字的顎化問題。語言研究，2008，（3）。

陳瑤撰從徽語看中古開合分韻的一等韻。福建省辭書學會第18屆年會，福州，2007。

趙日新撰徽語的小稱音變和兒化音變。方言，1999，（2）。

江巧珍、孫海峰撰徽州方言與《鄉音》韻書。黃山學院學報，2007，（4）。

胡松柏撰《韻鏡》音系與贛東北徽語方音的比較。《韻鏡》國際學術研討會，合肥，2003。

方清明撰浮梁縣鵝湖話的捲舌兒化和鼻音兒化。上饒師範學

院學報，2005，（4）。

馬希寧撰婺源音系。台灣清華大學，碩士學位論文，2002。

馮愛珍撰江西婺源方言的語音特點。慶祝中國社會科學院語言研究所建所 45 週年學術論文集。商務印書館，1997。

黃燕撰婺源（坑頭）方言語音研究。北京語言大學，碩士畢業論文，2008。

錢文俊撰婺源方言中的閉口韻尾。上饒師專學報，1985，（4）。

胡松柏撰徽語婺源篁村話的音系及其特點。漢語方言國際學術研討會暨全國漢語方言學會第十六屆學術年會，福州，2011。

胡松柏撰果假效蟹流五攝字在婺源方言五點的分合與音讀。中國音韻學暨黃典誠學術思想國際學術研討會、中國音韻學研究會第十七屆學術討論會暨漢語音韻學第十二屆學術研討會，廈門，2012。

胡松柏、林芝雅撰婺源方言韻書《鄉音字義》、《鄉音字彙》。辭書研究，2006，（1）。

胡松柏撰《鄉音字義》、《鄉音字彙》所反映的 19 世紀中葉徽語婺源方音。第一屆中國語言文字國際研討會，香港，2002。

胡松柏、錢文俊撰反映 19 世紀中葉徽語婺源方音的韻書《鄉音字義》《鄉音字彙》。音韻論叢，齊魯書社，2004。

胡松柏撰《婺城鄉音字彙》音系與現代婺源縣城方言的比較。慶祝《中國語文》創刊六十週年學術論文集，商務印書館，2004。

胡松柏撰婺源徽劇音韻略說。慶祝詹伯慧教授八十華誕暨從

教五十八週年國際學術研討會，廣州，2011。

3. 詞彙

伍巍、王媛媛撰徽州方言的小稱研究。語言研究，2006，（1）。

4. 語法

趙日新撰徽州方言「物/物事」的量級用法。中國語文，2009，（3）。

方清明撰浮梁話與普通話量詞比較研究。景德鎮高專學報，2005,（1）。

方清明撰浮梁方言的「來」字句。景德鎮高專學報，2006,（1）。

（六）官話方言

1. 概述

徐復撰潯陽方言小記。待旦（創刊號），1935。

李奇瑞撰九江方言及其演變。九江師專學報（哲學社科版），2000,（1）。

李瑞河撰九江縣方言與周邊官話區方言的區別。南昌職業技術師範學院學報，2001,（6）。

惠雨民撰王陽明推行贛州話質疑。贛南師範學院學報，1988,（2）。

韓振飛撰西南官話在贛南的分佈及其形成。客從何來。廣東經濟出版社，1998。

胡松柏、張向陽撰贛北「河南話」述略。第四屆官話方言國

際學術研討會，安康，2007。

張向陽擔贛北河南話研究。南昌大學，碩士學位論文，2008。

胡松柏、林芝雅擔浙贛邊界官話方言島略考。第四屆中國語言學國際學術研討會，廣州，2005。

胡松柏、林芝雅擔江西上饒小溪畬族雙語制下語言替換歷程的考察。雙語雙方言（八）。漢學出版社，2005。

胡松柏、葛新擔浙贛線「上饒鐵路話」形成與發展。南方語言學（第三輯）。暨南大學出版社，2011。

胡松柏擔「上饒鐵路話」和「弋陽三縣嶺話」──贛東北兩處浙江官話方言島的比較考察。第七屆中國社會語言學國際學術研討會，西寧，2010。

胡松柏擔江西弋陽「三縣嶺話」多方言融合和雙方言制考察。雙語雙方言（十）擔海天出版社，2011。

2. 語音

張明淵擔九江方言語音系統。九江職業技術學院學報，2001，（2）。

李瑞河擔九江縣方言語音系統。江西社會科學，2002，（5）。

李奇瑞擔廬山方言語音系統概貌。九江師專學報（哲學社科版），2001，（4）。

曾國祥擔瑞昌方言語音系統。九江師專學報，1983，（1）。

金虹擔贛州話音系概要。煙台師院學報，1985，（1）。

陳功煥擔贛州話山咸兩攝鼻化音的調查分析。贛南師範學院

學報，1992，（2）。

林芝雅擔浙贛閩交界官話方言語音比較研究。暨南大學，碩士學位論文，2005。

王燕擔九江方言對英語語音的負遷移及語音教學。華中師範大學，碩士學位論文，2012。

曾愷擔贛州話兩字組的連讀變調研究。贛南師範學院學報，2012，（4）。

3. 語法

張林林擔九江話裡的兒化現象和兒尾。江西師大學報，1993，（2）。

張林林擔九江話形容詞後附成分「了的」。九江師專學報，1988，（2）。

張林林擔九江方言中的「等」字。九江師專學報，1989，（2）、（3）。

張林林擔九江方言的指示代詞。江西師範大學學報（哲學社科版），2005，（4）。

張林林擔九江話中表少量量詞考察。九江學院學報（社會科學版），2006，（2）。

張林林擔九江話「八 X」社會分層情況考察。江西師範大學學報（哲學社科版），1991，（1）。

張林林擔九江話裡的「著」。中國語文，1991，（5）。

張林林擔九江話的「著」及其相關句式。九江師專學報，1993，（2）。

李國敏，張林林擔九江話裡的反覆問句。江西教育學院學

報，2000，（4）。

　　甘為擔江西九江地區方言中的量詞重疊式結構研究。文學界
（理論版），2011，（7）。

　　彭薇擔贛州方言「可-VP」正反問句探討。第五屆漢語方言
語法國際學術研討會，上海，2010。

　　彭薇擔贛州方言形容詞生動形式研究。浙江財經學院，碩士
學位論文，2012。

（七）閩方言

1. 概述

　　張振興擔閩語的分區。方言，1985，（3）。

　　張振興擔閩語的人口。方言，1989，（1）。

　　胡松柏擔贛東北閩南方言略說。方言，1998，（2）。

　　胡松柏擔贛東北閩南方言銅山話研究。廈門大學，碩士學位
論文，1999。

　　胡松柏擔贛東北閩語的內部差異。第八屆國際閩方言研討
會，海口，2003。

2. 語音

　　胡松柏擔贛東北銅山閩南話的語音特點。第五屆國際閩方言
研討會論文集。暨南大學出版社，1999。

　　胡松柏擔漢語入聲消失過程在贛東北閩南話中的表現。語言
研究，1994（增刊）。

　　胡松柏擔《匯音妙悟》音系在贛東北閩南方言中的表現。漢
語音韻學第六屆國際學術討論會論文集。香港文化教育出版社有

限公司，2000。

胡松柏擔贛東北閩南語的文白異讀及其演變。台灣語文研究（第五卷），2010，（1）。

3.語法

胡松柏擔贛東北閩南方言的否定詞及其比較考察。第九屆閩方言國際學術研討會，福州，2005。

胡松柏擔贛東北閩南方言動詞體貌的考察。第十一屆閩方言國際學術研討會，漳州，2010。

（八）方言關係及其他

江敏華擔客贛方言關係研究。台灣大學，博士學位論文，2003。

胡松柏擔贛東北漢語方言接觸研究。暨南大學，博士學位論文，2003。

李玉擔客方言與贛方言之分野及其內部差異。廣西師院學報，1987，（4）。

王福堂擔關於客家話和贛方言的分合問題。方言，1998，（1）。

鄧曉華擔客家話與贛語及閩語的比較。語文研究，1998，（3）。

秋谷裕幸擔也談吳語處衢方言中的閩語成分。語言研究，1999，（1）。

孫宜志擔《客贛方言比較研究》評介。語文研究。紀念創刊20週年專集，2000。

熊正輝擔從贛語看官話的特點。首屆官話方言國際學術討論會論文集，2000。

林清書擔武平中山軍家話與贛方言。韶關大學學報，2000年（增刊）。

王東擔從贛客方言的類似性看客家方言群的源流。贛南師範學院學報，2002，（5）。

胡松柏擔江西橫峰縣姚家閩語中的贛語性成分。上饒師範學院學報，2002，（4）。

李如龍擔論閩語與吳語、客贛語的關係。閩語研究及其與周邊方言的關係。香港中文大學出版社，2002。

徐芳敏擔古代福建、江西的交流接觸及古閩方言、楚方言的關係。閩語研究及其與周邊方言的關係。香港中文大學出版社，2002。

胡松柏擔贛東北贛語、吳語接觸程度考察。第三屆中國社會語言學國際學術研討會，南京，2004。

林芝雅擔贛語、吳語接緣地帶方言鵝湖江村話中的贛語性成分。客贛方言研究——第五屆客方言暨贛方言首屆研討會論文集。（香港）靄明出版社，2004。

胡松柏、林芝雅擔吳語與贛語在贛東北接觸情況簡述。吳語研究——第三屆國際吳方言學術研討會論文集。上海教育出版社，2005。

馮桂華擔客家方言的源流及與贛方言的關係。贛南師範學院學報，2006，（2）。

呂晞擔九江市潯陽區方言中的贛方言成分研究。南昌大學，

碩士學位論文，2007。

胡松柏、劉存雨擔贛、吳、徽語交接地帶橫峰葛源話的特點和性質。上饒師範學院學報，2008，（4）。

唐作藩擔試說湘語的歷史發展與贛語的關係——從我的家譜說起。湘語研究（第一輯）。湖南師範大學出版社，2009。

胡松柏、顏晶擔江西永修縣的「湖南話」方言島。湘語研究（第二輯）——第二屆湘語國際學術研討會論文集。湖南師範大學出版社，2012。

林清書擔再說武平中山軍家話與客贛方言的關係。贛方言研究（第二輯）——2009 南昌贛方言國際學術研討會論文集。中國社會科學出版社，2012。

李榮擔南昌、溫嶺、婁底三處梗攝字的韻母。中國語文，1989，（6）。

謝留文擔贛方言古全濁聲母上聲字今讀陰平及其與客方言的關係。客家方言研究——第二屆客方言研討會論文集，1998。

胡松柏擔從贛東北吳語方音看吳語、閩語的歷史聯繫。語言研究，1998（增刊）。

劉綸鑫擔南豐方言的語音特點及其和客贛方言的關係。中國語言學報，1999，（9）。

劉鎮發、張群顯擔中古濁上字的演變與粵客贛方言。漢語音韻學第六次國際學術研究會論文集。（香港）文化教育出版社，2000。

胡蘇擔蓮花贛語與客家話的相似點。第四屆客家方言研討會，梅州，2002。

張雙慶、萬波擔知莊章組聲母在閩語及周邊方言裡的今讀類型考察。閩語研究及其與周邊方言的關係。香港中文大學出版社，2002。

龍安隆擔井岡山客話與永新贛語的語音差異。井岡山學院學報，2005，（2）。

瞿建慧擔湘贛方言深臻曾梗攝舒聲開口三（四）等韻讀同一等韻現象考察。中南大學學報（社會科學版），2010，（1）。

麥耘擔從中古後期—近代語音和官客贛湘方言看知照組。南開語言學刊，2010，（1）。

貝先明擔長沙話、南昌話、瀏陽話元音格局的比較。湘語研究（第一輯）。湖南師範大學出版社，2009。

彭紅亮擔湘語贛語過渡地帶語音探究——以瀏陽鎮頭鎮方言為例。湘語研究（第二輯）——第二屆湘語國際學術研討會論文集。湖南師範大學出版社，2012。

李冬香擔湖南贛語透、定母今讀擦音現象考察。湘語研究（第二輯）——第二屆湘語國際學術研討會論文集。湖南師範大學出版社，2012。

汪化云擔贛語的語音特徵及其與楚語的區別。贛方言研究（第二輯）——2009南昌贛方言國際學術研討會論文集。中國社會科學出版社，2012。

練春招擔客贛方言詞彙比較研究。暨南大學，博士學位論文，1996。

練春招擔從詞彙看客家方言與贛方言的關係。暨南學報（哲學社科版），2000，（3）。

秋谷裕幸撰吳語處衢方言中的閩語詞——兼論處衢方言在閩語詞彙史研究中的作用，語言研究，2000，（3）。

林亦撰從方言詞看廣西粵語平話與江西客贛方言的關係。江西社會科學，2001，（6）。

曹廷玉撰贛方言萍鄉、吉安片詞彙中的客方言成分。客家方言研究——第四屆客家方言研討會論文集。暨南大學出版社，2002。

胡松柏撰贛東北閩語與贛東北吳語的詞彙聯繫。閩語研究及其與周邊方言的關係。（香港）中文大學出版社，2002。

李冬香撰從湖南、江西、粵北等方言中的「咖」看湘語、贛語的關係。語文研究，2003，（4）。

龍安隆撰「辮」的性質及中古全濁上聲在江西中西部地區的表現——兼與張雙慶、萬波先生商榷。井岡山師範學院學報，2004，（3）。

胡松柏撰贛東北方言詞彙接觸的表現。中國方言學報（第一期）。商務印書館，2006。

王麗芝撰安福縣嚴田鎮贛語和湘語音系比較研究。廣西民族大學，碩士學位論文，2007。

胡松柏撰廣豐話與廣州話的詞彙聯繫。（澳門）粵語研究，2008，（3）。

張文撰客贛方言二百詞比較。客語縱橫——第七屆國際客方言研討會，香港，2008。

李冬香撰從音韻現象看贛語、湘語的關係。湘語研究（第一輯）。湖南師範大學出版社，2009。

胡松柏擔從「窗」義詞的分佈看贛語、徽語的聯繫。首屆中國地理語言學國際學術研討會，北京，2010。

　　黃小平擔客贛方言幾對同族詞的本字考證。贛南師範學院學報，2012，（4）。

　　楊文波擔上饒鐵路話與杭州話、上饒市區話的詞彙接近度研究。第七屆國際吳方言學術研討會。金華，2012。

　　羅昕如、曾達之擔湘語與贛語的特殊名詞後綴「首/場/頭」。武陵學刊，2010，（4）。

　　胡松柏擔贛東北方言語法接觸的表現。漢語方言語法研究。華中師範大學出版社，2007。

　　胡松柏、程熙榮擔樂平話與婺源話的人稱代詞比較。上饒師範學院學報，2007，（4）。

　　溫美姬擔客贛方言量詞比較研究。第十屆客家方言國際學術研討會，成都，2012。

　　嚴修鴻擔 XA 式形容詞擔客家話與贛、湘方言的比較。贛方言研究（第二輯）──2009 南昌贛方言國際學術研討會論文集。中國社會科學出版社，2012。

　　羅昕如擔湘語與贛語的否定詞比較。贛方言研究（第二輯）──2009 南昌贛方言國際學術研討會論文集。中國社會科學出版社，2012。

參考文獻

〔01〕袁家驊等：漢語方言概要・語文出版社，2000。

〔02〕詹伯慧：現代漢語方言・湖北人民出版社，1981。

〔03〕侯精一：現代漢語方言概論・上海教育出版社，2002。

〔04〕詹伯慧：漢語方言及方言調查・湖北教育出版社，2001。

〔05〕游汝傑：漢語方言學導論・上海教育出版社，2000。

〔06〕李如龍：漢語方言學・高等教育出版社，2001。

〔07〕中國社會科學院、澳大利亞人文科學院：中國語言地圖集・〔香港〕朗文出版（遠東）有限公司，1987。

〔08〕曹志耘：漢語方言地圖集・商務印書館，2008。

〔09〕李榮：現代漢語方言大詞典・江蘇教育出版社，2002。

〔10〕黃伯榮：漢語方言語法類編・青島出版社，1996。

〔11〕陳昌儀：江西省方言志・方志出版社，2005。

〔12〕陳昌儀：贛方言概要·江西教育出版社，1991。

〔13〕李如龍、張雙慶：客贛方言調查報告·廈門大學出版社，1992。

〔14〕劉綸鑫：客贛方言比較研究·中國社會科學出版社，1999。

〔15〕胡松柏：贛東北方言調查研究·江西人民出版社，2009。

〔16〕張燕娣：南昌方言研究·中國社會科學出版社，2007。

〔17〕熊正輝：南昌方言詞典·江蘇教育出版社，1995。

〔18〕胡松柏、林芝雅：鉛山方言研究·中國社會科學出版社，2008。

〔19〕付欣晴：撫州方言研究·中國社會科學出版社，2007。

〔20〕劉綸鑫：江西客家方言概況·江西人民出版社，2001。

〔21〕劉澤民：瑞金方言研究·中國社會科學出版社，2006。

〔22〕謝留文：于都方言詞典·江蘇教育出版社，1998。

〔23〕曹志耘：南部吳語語音研究·商務印書館，2002。

〔24〕秋谷裕幸：吳語江山廣豐方言研究·愛媛大學法文學部綜合政策學科，2001。

〔25〕平田昌司：徽州方言研究·〔日本〕好文出版株式會社，1998。

後記

　　本書自二○○七年接受南昌大學贛學研究院、南昌大學國家211 工程重點學科「贛學」學科所確定的寫作任務，到二○一二年底完稿，包括田野調查、資料整理以及撰寫書稿，歷時五年。

　　本書是由南昌大學客贛方言與語言應用研究中心組織的方言調研的一項集體項目成果，研究中心的部分專兼職研究人員和南昌大學語言學專業部分研究生參與並完成了本書的調研和撰稿。

　　本書由主編制定方言點語音、詞彙和語法例詞例句調查表，確定全書編寫體例和安排章節結構。各位撰稿人員所承擔的工作內容如下：

　　胡松柏（研究中心研究員，本書主編）：確定江西方言的代表方言點，歸納擬定第三章代表方言點的音系，編制、校核第四章、第五章、第六章代表方言點字音、詞語和語法例句例詞的對照表，撰寫第一章第二節「江西方言的形成」中「江西吳方言、江西徽州方言和江西官話方言的形成」和「江西各類方言島的形成」，撰寫第一章第四節「江西方言的代表方言點」；作全書統稿。

　　黃小平（研究中心兼職副研究員，贛南師範學院副教授，本

書副主編）：撰寫第二章第一節「江西方言的語音特點」、第二節「江西方言的詞彙特點」以及第一章第一節「江西方言的種類和分佈」部分內容。

　　葛新（研究中心兼職副研究員，上饒師範學院副教授）：撰寫第二章第三節「江西方言的語法特點」。

　　李軍（研究中心副研究員）：撰寫第一章第一節「江西方言的種類和分佈」和第二節「江西方言的形成」中「江西方言形成的歷史背景」和「江西贛方言的形成」「江西客家方言的形成」。

　　鐘永超（漢語言文字學專業研究生）：撰寫第一章第三節「江西各縣市區方言情況概覽」，彙總校核第七章「江西方言研究資料目录彙編」。

　　徐勇（研究中心助理研究員）：整理資料，繪製全書方言地圖。

　　在前期的調查過程中，承擔分點調查和材料彔入工作的研究生（包括先後畢業的和在讀的）有：

　　汪高文、黃麗敏、梅淑娥、胡德榮、劉豔生、萬麗媛、歐陽妃、李麗娟、聶國春

　　張向陽、陳昌芳、陳星、熊瑜、徐奇、詹純、呂晞、鐘永超、譚鈺婷。

　　本書第一章第三節「江西各縣市區方言情況概覽」，承蒙羅榮華（宜春學院）、龍安隆（井岡山大學）、曾海清（新余學院）三位博士對書稿提出校正意見。

　　在對各方言點作調查時，先後有近百位摯愛區域語言文化的土著人士擔任發音合作人，使我們獲得了極具價值的鮮活的最新

語言資料。調查過程中，還有諸多熱心人士為我們開展田野作業提供了種種方便和協助。

在本書寫作過程中，我們還參閱了學術界前輩和時賢的許多論文著作，這些論文著作都已收入書中第七章「江西方言研究資料目录彙編」。不少研究成果為本書所引用，書中凡有援引之處都已一一註明。

對以上為本書的完成付出辛勞、做出貢獻的所有人員，謹此致以衷心的感謝。

胡松柏

二〇一二年十二月二十二日於南昌大學前湖

江西文庫 A0701B27

贛文化通典（方言卷）　第四冊

主　　編　鄭克強

版權策畫　李　鋒

責任編輯　林以邰

發 行 人　陳滿銘

總 經 理　梁錦興

總 編 輯　陳滿銘

副總編輯　張晏瑞

編 輯 所　萬卷樓圖書股份有限公司

排　　版　菩薩蠻數位文化有限公司

印　　刷　維中科技有限公司

封面設計　菩薩蠻數位文化有限公司

出　　版　昌明文化有限公司

桃園市龜山區中原街 32 號

電話 (02)23216565

發　　行　萬卷樓圖書股份有限公司

臺北市羅斯福路二段 41 號 6 樓之 3

電話 (02)23216565

傳真 (02)23218698

電郵 SERVICE@WANJUAN.COM.TW

大陸經銷　廈門外圖臺灣書店有限公司

電郵 JKB188@188.COM

ISBN 978-986-496-352-2

2018 年 1 月初版

定價：新臺幣 360 元

如何購買本書：

1. 轉帳購書，請透過以下帳戶

合作金庫銀行 古亭分行

戶名：萬卷樓圖書股份有限公司

帳號：0877717092596

2. 網路購書，請透過萬卷樓網站

網址 WWW.WANJUAN.COM.TW

大量購書，請直接聯繫我們，將有專人為您

服務。客服：(02)23216565 分機 610

如有缺頁、破損或裝訂錯誤，請寄回更換

國家圖書館出版品預行編目資料

贛文化通典. 方言卷 / 鄭克強主編. -- 初版.

-- 桃園市：昌明文化出版；臺北市：萬卷

樓發行, 2018.01

　冊；　公分

ISBN 978-986-496-352-2 (第四冊：平裝). --

1.贛語 2.江西省

672.408　　　　　　　　　　　107002012

本著作物經廈門墨客知識產權代理有限公司代理，由江西人民出版社授權萬卷樓圖書
股份有限公司出版、發行中文繁體字版版權。

本書為金門大學華語文學系產學合作成果。　　　校對：林庭羽